Som

Heureux comme le Diable en France

« Le Diable est ce type qui a refusé
de vendre son âme à Dieu[1]. »

René Fallet, *Journal de 5 à 7*

« *Please allow me to introduce myself*
I'm a man of wealth and taste
I've been around for a long, long year
Stole many a man's soul and faith... »

The Rolling Stones, *Sympathy for the Devil*

La France est la « fille aînée de l'Église », mais le lieu de résidence favori du Diable.

Il S'y sent partout chez Lui, dans les douves des châteaux, aux carrefours, au bord des rivières et dans les montagnes où Il laisse sans vergogne l'empreinte de Ses petits pieds fourchus. Les légendes, et parfois l'histoire, Lui attribuent la construction ou la destruction de dizaines d'édifices.

Le Diable ! Vraiment ?

En octobre 2018, le pape François en personne a réaffirmé Son existence, à la suite de deux millénaires de réflexions théologiques

1. Cette phrase est la dernière écrite par l'écrivain « populiste » dans son journal, à la date du 14 juin 1983, quelques jours avant sa mort en juillet de la même année.

et de controverses. Le Diable, c'est « l'adversaire » de Dieu, de l'humanité, qui nous pousse vers le mal. Évitons donc de provoquer Sa colère en riant un peu trop fort des mauvais tours dont Il a été victime ou – pire encore – de Lui vouer une admiration ou un culte dont on se repentira plus tard.

Mais comment Le reconnaître ?

Un homme digne de foi l'a vu à plusieurs reprises... Le religieux Raoul Glaber, qui fut moine à Cluny, Le décrit ainsi dans sa *Chronique de l'an mil*, rédigée vers 1030 :

> *Une nuit se dresse devant moi une sorte de monstre terrible à voir. De petite taille, il avait le cou grêle, le visage maigre, des yeux très noirs, le front rugueux et ridé, les narines pincées, la bouche énorme, les lèvres gonflées, le menton fuyant, une barbe de bouc, des oreilles velues et pointues, les cheveux hérissés et des dents de chien, le crâne aplati, la poitrine gonflée, le dos bossu.*

Ce n'est guère engageant.

Son image figure pourtant au tympan des cathédrales ou dans la pénombre des églises. En particulier depuis qu'en 1025, durant le synode d'Arras, les évêques décidèrent que « les âmes simples et les illettrés trouveront dans l'église ce qu'ils ne peuvent connaître par l'écriture, ils le verront par les lignes du dessin[1] »... et bien souvent par les formes des sculptures. Il fallait montrer le Diable pour qu'on Le craigne.

Ce guide nous entraîne sur les traces d'un Diable apparemment doué pour la rouerie et la méchanceté, mais aussi parfois pour la plaisanterie lubrique et l'imagination burlesque. À titre d'exemple de Son emprise, il y aurait en France plus de 150 « ponts du Diable ». Vous découvrirez bien vite que les promenades « diaboliques » auxquelles nous vous invitons vous

1. Jean-François Blondel, *Le Diable dans les cathédrales*, Éd. Dervy-Médicis, Paris, 2021.

entraîneront le plus souvent vers des sites spectaculaires, parfois bucoliques, toujours étonnants.

Mais attention ! À force de fréquenter des lieux où Il avait Ses habitudes, vous courez le risque de Le rencontrer.

Nous vous invitons pourtant à ce voyage, pour, ensemble, « aller au Diable » !

Nota bene :

Comme on n'est jamais trop prudent, nous avons décidé d'octroyer au Diable et à tous les mots qui Le désignent des majuscules respectueuses, que la typographie Lui refuse d'ordinaire.

Traces diaboliques

La simple liste des lieux qu'Il fréquente – et auxquels Il donne Son nom – laisse rêveur. Selon le folkloriste Claude Seignolle[1] qui l'a traqué un peu partout en France, on rencontre ici et là des ponts du Diable, mares du Diable, gouffres du Diable, maisons du Diable, châteaux du Diable, chemins du Diable, villages du Diable, pays du Diable, prés du Diable, champs du Diable, roches du Diable, pavés du Diable, vals du Diable, trous du Diable, forges du Diable, pas du Diable, moulins du Diable… Mais aussi quelques meubles diaboliques, des tables du Diable, trônes du Diable, chaises du Diable, huches du Diable, bains de pieds du Diable, poêlons du Diable, bâtons du Diable, voire lits du Diable… et comme si cela ne suffisait pas, il recensait encore les routes de l'enfer, gorges de l'enfer, portes de l'enfer, gueules de l'enfer, sans oublier les terribles chaudrons de l'enfer…

1. Claude Seignolle, *Les Évangiles du diable*, Éd. Robert Laffont, « Bouquins » (coll.), Paris, 1998.

Le sabbat

Les laudateurs du Diable, sorciers et sorcières, se rendent aux sabbats, mais de quoi s'agit-il ?

Selon Jacques Albin Simon Colin de Plancy, auteur du *Dictionnaire infernal* publié en 1818 : « Le Sabbat est l'assemblée des démons, des sorciers et des sorcières dans leurs orgies nocturnes. On s'y occupe ordinairement à faire et à méditer le mal… » On appréciera au passage la légèreté de l'expression « on s'y occupe ». Colin de Plancy annonce déjà quelques-unes des promenades que nous allons faire sur les traces des affidés du Diable : « Le sabbat se fait dans un carrefour, ou dans quelque lieu désert et sauvage, auprès d'un lac ou d'un étang, ou d'un marais, parce qu'on y fait la grêle et qu'on y fabrique des orages. » On peut encore se demander en quoi consistaient vraiment ces cérémonies, dont la description a presque toujours été obtenue sous la torture, ou à partir des témoignages de personnages égarés ou affabulateurs. Le sabbat n'était peut-être qu'un carnaval transgressif, fête des fous ou Halloween avant l'heure, que les inquisiteurs ne pouvaient admettre.

Et n'oublions pas, s'il s'agit d'un mythe, qu'il a été à l'origine d'un véritable féminicide de masse, connu sous le nom de « chasse aux sorcières ». La Catalogne, première entre les nations, a décidé en janvier 2022 de réhabiliter la mémoire des 1 000 femmes assassinées lors « d'une persécution misogyne ». « C'est un acte de réparation historique envers la mémoire de toutes ces femmes accusées de délits fictifs », déclara Tania Verge, conseillère à l'Égalité et au Féminisme du gouvernement de la généralité de Catalogne. « C'est le résultat de la superstition de l'époque mais aussi de la volonté de contrôler les femmes. C'étaient des femmes qui avaient des connaissances sur la sexualité, sur les plantes... »

Partie I
Auvergne-Rhône-Alpes

« À manger avec le diable,
la fourchette n'est jamais trop longue. »
Proverbe du bourbonnais

Lyon, le Rhône et sa vallée

Lyon, capitale diabolique

En 1930, l'écrivain Claude Le Marguet choisit de raconter l'histoire de Lyon en évoquant l'une de ses caractéristiques météorologiques les plus inquiétantes. Le titre de son livre, *Myrelingues la brumeuse*, reprenait une expression due à Rabelais, signifiant « mille langues ». Mais c'est bien la brume qui domine. La brume qui enveloppait les rives de la Saône et du Rhône, faisant jaillir de son néant ouaté des ombres inquiétantes et maléfiques.

Derrière ce rideau protecteur, les marginaux prennent leurs aises dans une ville où tout semble fait pour abriter leurs activités. La géographie et l'architecture ont dessiné un décor propice aux rencontres clandestines. Les célèbres traboules, ces couloirs reliant les rues entre elles comme autant de passages secrets, se doublent en sous-sol d'un réseau de tunnels et de couloirs plus mystérieux encore.

Lyon abrita donc naturellement les activités de personnages versés dans les sciences occultes. Jean-Baptiste Willermoz, né ici en 1730, participa à l'organisation de la franc-maçonnerie. Maître Philippe, né en 1849, passa sa jeunesse

…roix-Rousse puis se consacra à l'usage du magnétisme ; …n lui attribua de nombreuses guérisons, il aurait même ressuscité un jeune garçon nommé Jean Chapas. Son disciple, l'occultiste Papus, fondateur de l'ordre martiniste, s'inspira de son action à Lyon. Allan Kardec lui-même, l'homme qui popularisa l'usage des tables tournantes, le fondateur du spiritisme, est également natif de la ville…

D'autres grands noms des sciences occultes firent escale à Lyon. Le mage Michel de Nostre-Dame, dit Nostradamus, vint ici pour y faire diffuser ses œuvres. Le 4 mai 1555, l'imprimeur Macé Bonhomme publia à Lyon la première édition des *Prophéties* réunissant 353 de ses célèbres quatrains. Joseph Balsamo, comte de Cagliostro, vint fonder une loge maçonnique à Lyon en 1784. Il aurait dû rester entre Rhône et Saône pour éviter de se mêler de la sordide affaire du collier de la reine… Bérenger Saunière, le sulfureux curé de Rennes-le-Château, vint également à Lyon pour d'énigmatiques raisons. Rappelons enfin que la dernière incarnation du comte de Saint-Germain, le chanteur et prestidigitateur Richard Chanfray qui se prétendait éternel, naquit à Lyon en 1940 – et non au XIIIe siècle avant J.-C., comme il l'affirmait dans les médias sans trop faire d'efforts pour qu'on le croie.

Autant dire que tous les grands noms de l'histoire de l'occultisme ou des magies blanche et noire firent des séjours ici. La ville de Lyon serait la « capitale de l'étrange[1] ».

Lyon est enfin le lieu de naissance, en 1140, de Pierre Valdo, un riche marchand qui abandonna ses richesses pour tenter

1. Selon une expression cent fois reprise ici et là, jusqu'à en faire oublier le premier auteur.

de retrouver la foi des premiers chrétiens en créant les pauvres de Lyon. Contemporain de saint François d'Assise, il ne fut pas accueilli avec la même bienveillance par l'Église, et peu à peu son mouvement fut considéré comme hérétique. Ses disciples furent excommuniés par le concile de Vérone en 1184. Tant et si bien que le terme « vaudois » est associé, comme nous le verrons en particulier à Arras, au blasphème, voire au satanisme.

Mais le Diable ?

Le Diable a-t-Il, Lui aussi, installé Ses quartiers dans cette ville qui semblait bien disposée à L'accueillir, Lui offrant une population ouverte à toutes les expériences, un décor et un ensemble de monuments permettant de se livrer à Son culte ?

Oui, évidemment.

1er arrondissement

La Croix-Rousse – Le Diable en Ses églises

La ville de Lyon a connu dès le début du XXIe siècle une vague de profanations, en lien avec un renouveau du satanisme.

En 2008, le père Benoît Domergue, prêtre catholique, spécialiste des religions comparées et « docteur en démonologie », auteur d'un ouvrage intitulé *Culture jeune et ésotérisme*[1], déclarait à l'hebdomadaire *Lyon Capitale* que le satanisme actuel était :

1. Père Benoît Domergue, *Culture jeune et ésotérisme, vers une culture antichristique des jeunes ?*, Éd. bénédictines, Paris, 2001.

> [...] *très différent du satanisme traditionnel né il y a trois siècles. Je parle aujourd'hui de néosatanisme. On assiste à une explosion de l'occultisme depuis des films comme* Rosemary's Baby, *avec des groupes de musique, des BD, et surtout des jeux vidéo.*

Il ajoutait :

> *Il y a des cercles de messes noires, des rencontres dans des bars dans des lieux un peu étonnants. De plus en plus de groupuscules organisent des messes noires, y compris dans des cimetières. Paris et Lyon sont très touchées*[1] [...]

Deux églises ont particulièrement été les cibles des néosatanistes. En 2014, le site Rue89Lyon publiait une enquête intitulée « Les églises de la Croix-Rousse : messes noires et menace d'effondrement[2] ». L'église du Bon-Pasteur a été la première victime. Après avoir cessé d'accueillir le culte, elle devint un temps une salle d'exposition destinée aux travaux des étudiants de l'école des beaux-arts voisine. Elle fut alors vandalisée et – pour la première fois – suspectée d'accueillir des pratiques sataniques, avant d'être abandonnée depuis le déménagement de l'école en 2007.

L'église Saint-Bernard se situe à la rencontre avec une autre des légendes maléfiques lyonnaises, celle d'un monde souterrain, dédale inextricable, lieu de débauche et de cultes étranges. Pour les deux historiens de l'ésotérisme André Douzet et Mary-Ange Tibot, l'église

> *Saint-Bernard est un endroit clé, une sorte de plaque d'aiguillage se trouvant à la croisée de plusieurs souterrains. Les gens qui savaient ce que renfermait cet emplacement ont essayé d'obstruer le passage en y*

1. https://www.lyoncapitale.fr/actualite/lyon-sous-influence-satanique
2. https://www.rue89lyon.fr/2014/08/06/les-eglises-de-la-croix-rousse-messes-noires-menace-deffondrement/

construisant une église. Mais une porte dans certaines circonstances est faite pour être enfoncée...

La création du réseau de souterrains des arêtes de poisson – un nom qui en désigne la forme : une galerie centrale et 16 galeries perpendiculaires – et ses galeries voisines du réseau des Fantasques, est l'un des grands mystères de l'histoire lyonnaise. Il s'agirait d'un réseau d'aqueducs souterrains, voire d'un chemin d'accès au sanctuaire des Trois Gaules, qui se trouvait non loin du site de l'église Saint-Bernard. Des explorateurs y découvrirent un monceau d'ossements, des dizaines de squelettes dont on ignore l'identité.

L'église se trouva associée à l'histoire du trésor de Rennes-le-Château, l'une des multiples théories concernant cet hypothétique trésor étant que l'abbé Saunière avait trouvé des documents indiquant qu'il se trouvait dans les arêtes de poisson.

Autant dire l'endroit idéal pour se livrer à des cultes diaboliques.

Les églises en danger

Église paroissiale du Bon-Pasteur, 23, rue Neyret, 69001 Lyon.

Église Saint-Bernard, montée Saint-Sébastien, 69001 Lyon.

La Martinière et Monplaisir – le culte satanique de l'abbé Boullan

Le faubourg de Monplaisir, aujourd'hui dans le 8e arrondissement lyonnais, abrita l'église fondée par un modeste ouvrier nommé Pierre-Michel Vintras, qui pensait être la réincarnation du prophète Élie. L'archange Michel lui serait apparu en août 1839 pour lui annoncer « la venue du Paraclet », un successeur de Jésus devant, lui aussi, protéger l'humanité. Le journaliste Jules Bois publia, en 1894, une série d'articles décrivant les cultes marginaux qui proliféraient à la fin du XIXe siècle. Il raconte :

> *C'est à Montplaisir que les pèlerins trouvent encore l'autel de Vintras, surmonté d'une « croix hostiaire », dont le froment, étoilé d'étranges géométries sanglantes, commence à être un peu tourmenté par des vers irrespectueux. Au beau temps du prophète, il célébrait là, dans une chambre tendue de rouge, le sacrifice provictimal de Marie, sorte de messe en français en l'honneur de la Sainte Vierge : les hosties d'elles-mêmes sortaient du calice, où un sang véritable pleuvait du plafond*[1]...

Le sang qui tombe du plafond !

Voilà bien le problème.

Le culte organisé par Vintras n'est pas très catholique...

Et les cérémonies organisées par son disciple et successeur, l'abbé Boullan, relèvent du sacrilège pur et simple. « Boullan était un sataniste, c'est sûr... » rapportait l'écrivain J.-K. Huysmans. Ses faits et gestes, avant son installation à Lyon, ne laissent guère de doute. En 1859, il avait créé une congrégation religieuse à Sèvres avec une dénommée Adèle Chevalier, sa maîtresse. Lorsque l'une des pauvres religieuses qui les avaient rejoints tombait malade, elle était soignée par l'application d'un emplâtre d'hostie mêlé d'urine ou de matière fécale. Boullan fut suspecté d'avoir égorgé un

1. Jules Bois, *Le Satanisme et la Magie*, Éd. Léon Chailley, Paris, 1895.

bébé né de ses amours avec Adèle. Il fut arrêté alors pour escroquerie et attentat à la pudeur, et passa trois ans en prison. Il recommença de plus belle, en développant la théorie des « âmes réparatrices » chargées de pécher à la place des bons chrétiens, les soulageant du poids de la faute.

Il se mêla ensuite d'exorcisme en convainquant de jeunes religieuses en émoi qu'elles avaient des relations sexuelles avec le Christ. En 1875, il réussit à se faire élire pontife du culte développé par Pierre-Michel Vintras, et s'installa à Lyon.

Jules Bois écrit :

M. J.-K. Huysmans et moi avons visité le modeste sanctuaire de la rue La Martinière à Lyon. Les combats astraux s'y livraient, effrayants et un peu chimériques, ayant pour champ de bataille le petit autel où Boullan célébrait, pieds nus, le sacrifice de gloire…

Sa légende affirme que l'abbé pratiquait des messes noires sur le corps nu de sa maîtresse allongée sur ce « petit autel ». Car Boullan considéra toujours que l'acte sexuel, avec des « entités célestes » ou des jeunes femmes de chair et d'os, était une manière de se rapprocher de Dieu.

En 1890, Boullan rencontra Huysmans à qui il légua ses archives, dont l'étonnante confession dans laquelle il avouait toutes ses pratiques assez peu orthodoxes. Le Diable en rit encore.

Les lieux du culte

7, rue de la Martinière, 69001 Lyon.

60, route d'Heyrieux, aujourd'hui avenue Paul-Santy, 69008 Lyon.

5e arrondissement

La primatiale Saint-Jean, le Diable en Sa maison

Il faut Le chercher avec un peu d'attention. Il S'est installé discrètement dans le chœur sur l'un des chapiteaux sculptés des 7 colonnes de l'abside. Il figure sur l'un des trois chapiteaux présentant les Rois mages en route vers la crèche. Le Diable tente d'arrêter leur course vers Jésus. Satan figure également sur le portail de l'entrée dans l'une de Ses incarnations, un corbeau dévorant la cervelle d'un lapin.

Primatiale Saint-Jean

Place Saint-Jean, 69005 Lyon.

Messes noires dans la ficelle des morts

À Lyon, les funiculaires sont désignés par leur mode de traction : les ficelles. Deux lignes desservent encore les sommets de la colline de Fourvière et les sites gallo-romains, celle de la colline de la Croix-Rousse a été désaffectée, et son tracé, transformé en voie routière très pentue…

Reste la « ficelle des morts ».

« À quelques pas de Saint-Paul », rapportait l'hebdomadaire *Lyon Capitale*[1], « à la fin de la rue Juiverie, une cour intérieure est fermée aux curieux par une première grille. Au fond, une porte massive de métal barre un tunnel.

1. Florent Deligia, « Lyon : 25 décembre 1937, la ficelle des morts est fermée », *Lyon Capitale*, Lyon, 25 décembre 2019.

Il s'agit de l'ancienne ficelle des morts ! Un funiculaire reliant Saint-Paul aux cimetières de Loyasse à partir de 1900 ». Le funiculaire était emprunté par les corbillards se glissant dans le tréfonds de la colline, pour réapparaître dans un bâtiment aujourd'hui disparu, aux portes du cimetière. Les familles accompagnant le défunt se débrouillant comme elles pouvaient… Le funiculaire fut fermé le 25 décembre 1937, n'ayant jamais réussi à être rentable.

> *Durant la Seconde Guerre mondiale,* poursuit *Lyon Capitale, le tunnel reste accessible et sert d'abri lors des bombardements. Les installations sont démontées dans les années 50 […]. La ville va devoir faire face à un étrange usage des lieux : la nuit, certains viennent y pratiquer des messes noires.* Nous y voilà ! *La ficelle des morts est alors définitivement fermée par une lourde porte.*

C'est donc en bus qu'on se rendra au cimetière de Loyasse pour y chercher les tombes de maître Philippe ou de Jean-Baptiste Willermoz.

Le cimetière de Loyasse

43, rue du Cardinal-Gerlier, 69005 Lyon.

Ailleurs dans l'agglomération lyonnaise

Caluire – Le procès des sorciers de Lyon

La banlieue de Lyon fut le théâtre de l'une des grandes affaires de sorcellerie du XVIIIe siècle.

La bibliothèque du château de Grosbois-en-Montagne, dans le département de la Côte-d'Or, conserve l'original des minutes d'un procès s'étalant sur trois ans (1742-1745), intitulé « Procès des sorciers de Lyon 1742 ». En 1742 donc, des cavaliers de la maréchaussée de Bresse sont alertés par des racontars concernant un peintre sur étoffe nommé Benoît Michalet. Ses voisins l'accusent de sorcellerie et d'accointance avec le Diable. Une perquisition est menée dans sa cabane, située dans le hameau de Caluire, près du centre actuel de la ville moderne. Les cavaliers trouvent des grimoires, différents objets sacerdotaux et des parchemins comportant des pentacles. Interrogé, le jeune homme avoue appartenir à une société secrète pratiquant des invocations d'anges pour découvrir des trésors cachés.

D'anges ou de démons ? Il est permis d'en douter.

En 1865, un article extrait des *Mémoires de l'Académie impériale des sciences, arts et belles-lettres de Dijon*, comporte des accusations plus précises. Michalet et ses complices se livraient à des actes contre-nature. Pour participer à cette chasse au trésor, une femme, « enceinte de six mois, vend moyennant dix louis la créature humaine qu'elle porte dans ses entrailles et qui sera dès le jour de sa naissance vouée au Diable ». Michalet et son complice Claude François Charbonnier sont torturés. Ils avouent quasiment tout ce que les douleurs insupportables les poussent à avouer, comme l'utilisation du sang d'une vierge, puisé durant les « secrètes infirmités de son sexe » pour composer des gâteaux consommés durant ces drôles de pratiques.

Les deux hommes furent condamnés aux galères, mais certains de leurs complices furent exécutés à Dijon.

Promenade diabolique dans le Rhône

Pour suivre le Diable à la trace, il faudra se rendre dans le nord du département, en évitant d'abuser d'un liquide évidemment diabolique, le Beaujolais !

Le petit village de Vauxrenard abritait le sabbat... Les randonneurs peuvent encore se rendre au pied des chaos de pierres de la montagne des Aiguillettes. Les rochers furent surnommés les rochers des Fées ou des Sarrasins. Les sorcières s'y réunissaient.

Le Diable se manifesta en participant à la construction d'un pont entre les villages de Lamure-sur-Azergues et de Grandris, dans le nord du Rhône. Cette histoire est quasiment le prototype de toutes celles qui vont suivre. Les villageois, qui avaient promis au Diable qu'Il pourrait S'emparer de l'âme de la première personne qui emprunterait le pont, y lâchèrent un chat.

Satan avait également sa maison en Beaujolais. L'hebdomadaire *Le Patriote Beaujolais Val de Saône* raconta son histoire en décembre 2020 : « À deux pas de Villefranche, sur l'actuel chemin des Grillons et au coin du chemin des Rousses, se tenait ce que l'on appelait la maison du Diable ». On y assistait à des manifestations terrifiantes. Mais il y avait sans doute une cause aux curieuses impressions qu'on y ressentait :

> *Cette maison était construite sur deux énormes rochers calés l'un sur l'autre. Les phénomènes étranges qui se déroulaient dans la maison du Diable étaient accentués par le fait que lorsqu'un véhicule passait sur*

la route à proximité, cela faisait vibrer le rocher du dessus et avec lui la maison.

Dans la commune de Saint-Georges-de-Reneins se trouve la grange du Diable, qui accueillit au XIIe siècle une abbaye qui hébergeait les filles de croisés morts en Terre sainte.

La vallée du Rhône

Les basses montagnes de l'Ardèche et de la Drôme offraient des refuges aux sectateurs du Diable et au Diable Lui-même. Nous allons visiter quelques lieux où sont encore visibles les traces de leurs méfaits. Ou, pire encore, des horreurs commises par ceux qui croyaient lutter contre le mal.

Nous irons sur le plateau du Coiron, qui passa pour abriter le sabbat des sorcières, après les aveux d'une jeune femme suspectée de sorcellerie. Nous verrons également le « rocher de la Sorcière », un étrange piton rocheux dominant le village de Lyas. Les visiteurs à l'esprit mal tourné y voient une forme phallique ; la légende locale affirme plutôt que cette aiguille de 25 mètres de hauteur, située au hameau du Petit-Tournon, aurait été le lieu d'où s'envola une sorcière qu'on y avait enchaînée.

Mais surtout, nous reviendrons sur les traces de l'une des plus célèbres histoires locales de sorcellerie. Une visite du village de Cruas, aujourd'hui dominé par une centrale nucléaire, permet de découvrir la « maison de la Sorcière ».

Contrairement à la légende locale, il n
résidence d'un personnage moyenâgeux, n
où vécut une cartomancienne au XIXe siècl
rendre visite lors des fêtes médiévales du villa
week-end de septembre.

Le département de la Drôme, sur l'autre rive du Rhône, semble, à tout prendre, moins dangereux et mal fréquenté. Nous visiterons pourtant la tour du Diable à Livron-sur-Drôme. Étrange et isolée, elle domine la vallée du Rhône ; elle fut vraisemblablement construite au XIIe siècle et passait pour être placée sous la garde d'êtres surnaturels et maléfiques – évidemment.

La tour du Diable

Elle est le point culminant et le plus bel ornement d'un sentier de randonnée au départ de Livron-sur-Drôme. Méfiance, les soldats qui y montaient la garde à la nuit tombée étaient retrouvés à l'aube, victimes de sortilèges qui les avaient plongés dans un profond sommeil.

Si ce n'est que ça !

Ardèche

La sorcière de Montpezat-sous-Bauzon

Montpezat-sous-Bauzon, en Vivarais, semble bien paisible aujourd'hui. Il fut pourtant le théâtre de l'une des plus terrifiantes affaires de sorcellerie – et plus encore, de répression ignoble – de l'histoire de l'Inquisition. En 1865, gue Jean-Baptiste Delmas, natif de Montpezat, .e un livre intitulé *Les Sorcières du Vivarais devant les quisiteurs de la foi*. On y rappelle la douloureuse histoire de Catherine Peyretone, veuve Eyraud, habitante du hameau de Villaret près du village de Montepezat-sous-Bauzon.

Selon J.-B. Delmas, Catherine Peyretone est accusée d'avoir renié Dieu et la Vierge Marie, pour se donner corps et âme à un diable appelé Barrabam. Catherine l'aurait rencontré une première fois sur un sentier menant au col de Villaret alors qu'il avait l'apparence d'un lièvre noir. L'animal lui propose de se venger de son voisin Champalbert et de la rendre riche en usant d'un sortilège. Elle devait frapper les animaux de son ennemi avec un bâton noir magique.

On lui reproche également différents types de pratiques hérétiques : elle ne va plus se confesser au curé, ne communie plus ou, lorsqu'elle communie, garde l'hostie en bouche pour aller la cracher au cimetière entourant l'église paroissiale. On affirme encore qu'elle puisait de l'eau bénite dans les bénitiers de l'église pour la jeter sur le sol « en l'honneur du diable et en mépris de notre Seigneur Jésus-Christ et de la glorieuse Vierge Marie et tous les saints ».

Elle se rendait également au sabbat, au sommet du suc de Bauzon (la montagne voisine), où elle retrouvait ses comparses et coaccusées Michelle Roberte (originaire du Fau), femme de Jacques Étienne, Isabelle Serolh (de Chalias) et la veuve Laplanche née Jeanne Péreyrone. Ensemble, elles rencontraient le diable Barrabam, dont elles baisaient « au cul avec une chandelle de poix noire ».

Le tribunal l'accuse également de faire périr les fruits de la terre et les récoltes, et, pour faire bonne mesure, d'avoir mangé de la chair d'enfant.

Le procès, qui débuta le samedi 24 septembre 1519, est mené par le révérend père maître Louis Briny, professeur de théologie sacrée de l'ordre des mineurs du couvent d'Aubenas, diocèse de Viviers, et vicaire général de la Sainte Inquisition. Les accusateurs n'ont guère de mal à prouver la culpabilité de la pauvre femme. Car, selon Jean-Baptiste Delmas :

> *Il est évident que cette femme maniaque était victime d'une aberration mentale ; que son imagination frappée créait elle-même les objets matériels de ses sensations.* Aussi : *Elle a pu s'exalter au point de se croire réellement coupable, et de persister à faire l'aveu public des crimes imaginaires qu'elle avait confessés à l'Inquisiteur, dans sa prison.*

Malheureusement pour Catherine Peyretone, on ne la crut pas folle. Le 8 octobre 1519, elle est attachée à un pilier sur la place de Montpezat où elle reste exposée trois jours avant d'être brûlée vive, à deux heures de l'après-midi.

Montpezat-sous-Bauzon

Vous pouvez aujourd'hui habiter dans un gîte rural installé dans le hameau de Villaret, où résida Catherine Peyretone. Une promenade dans Montpezat, qui vous permettra de découvrir la place où eut lieu le supplice, s'achèvera par une montée vers le suc de Bauzon où vous rencontrerez peut-être les traces du passage de Barrabam.

Le chemin des Sorcières

Un sentier de randonnée, au départ de l'église de Mazan-l'Abbaye, vous entraînera au pied du suc de Bauzon après vous avoir permis de découvrir des fermes et des hameaux où vécurent les « sorcières » qui, pensait-on, se rendaient au sabbat.

Le Diable offre un pont aux amours interdites

Les jeunes gens du village de Thueyts, au bord des gorges de l'Ardèche, voulaient simplement trouver un endroit tranquille pour faire l'amour sans être dérangés... Ce qui les poussait à de périlleuses tentatives de traversée, se terminant parfois par de terribles accidents, les amants trop pressés tombant dans le gouffre et la rivière. Le Diable leur proposa de les aider en construisant un pont vertigineux, dominant l'Ardèche de 17 mètres, qui leur donnerait accès à des collines aux fourrés accueillants. Mais comme chaque fois, Il y mit Sa condition. Toujours la même! En échange de Ses travaux de construction, Il S'emparerait de l'âme de la première personne qui traverserait le pont... Les habitants acceptent – trop excités à l'idée des plaisirs que ce pont allait leur permettre –, mais décident de jouer un tour au Malin – toujours le même! C'est un chat qui traverse le pont en premier.

D'ordinaire, les choses en restent là. Les habitants ayant réussi leur mauvais coup, le Diable quitte les lieux, leur laissant l'usage du pont.

À Thueyts, Il a cependant décidé de Se venger, en capturant des villageois et leurs âmes. Les malheureux sont encore prisonniers du gouffre et de la rivière. On les entend, durant l'hiver, gémir à la tombée de la nuit.

Le pont d'Arc a, lui aussi, reçu la visite du Diable, avant même que l'érosion ne creuse la superbe arche naturelle que nous connaissons aujourd'hui. Le seigneur de Sampzon, un village voisin connu pour son rocher dominant toute la région, se maria avec une jeune fille de Vallon, incroyablement jolie. Au bout de quelques temps, ivre de jalousie à l'égard de sa femme qui attirait la convoitise de tous les jeunes gens des alentours, il décida de l'enfermer dans une tour dominant la rivière.

On raconte alors qu'un homme fort laid, prétendant être un pèlerin en route vers les lieux saints, vint délivrer l'épouse trop jolie et s'enfuit avec elle sur une barque vers le confluent du Rhône et de l'Ardèche. Le seigneur implora Dieu de lui rendre sa femme. Un bruit terrible se fit entendre, la montagne se fendit, créant l'ouverture que nous connaissons aujourd'hui. La chute de tonnes de rochers, tombant dans la rivière, créa un courant qui ramena la barque des fugitifs jusqu'à la rive.

Le pèlerin, furieux, abandonna la barque et la jeune femme, et s'enfuit après s'être transformé : le Diable, encore Lui.

Le pont du Diable

Le village de Thueyts s'enorgueillit à juste titre de son pont du Diable, l'un des plus spectaculaires de France, perfection architecturale et paysagère. La rivière sous le pont est un délicieux lieu de baignade. La commune est doublement diabolique, puisqu'on y croise également une cascade de la Gueule d'Enfer.

Vallon-Pont-d'Arc

C'est l'une des destinations touristiques favorites des visiteurs du département, le Diable ne sera qu'une raison supplémentaire de s'y rendre.

Sur les traces du Diable dans les monts d'Auvergne

Les monts d'Auvergne, leurs vallées parfois inaccessibles en hiver, abritent évidemment quelques lieux appréciés par le Diable.

Allier

À Molles, la faille du puits du Diable est malheureusement associée à un événement autrement plus dramatique que nos petites histoires de sabbats et de diablotins. Le 20 juin 1944, trois miliciens assassinent Jean Zay après l'avoir arraché à la prison de Riom (Puy-de-Dôme). Un dénommé Charles Develle l'abat d'une rafale de mitraillette après lui avoir fait croire qu'il était de la Résistance et venait de le libérer. Comble du cynisme, le gouvernement de Vichy fait croire à la veuve de l'ancien ministre de l'Éducation nationale que son mari a été enlevé « par un groupe de terroristes » lors de son transfert vers la prison de Melun. Les trois miliciens jetèrent le cadavre du supplicié dans la faille du puits du Diable, où des chasseurs le découvrirent deux ans plus tard.

À Bellerive-sur-Allier, nous rencontrerons la célèbre source intermittente, dont les caprices furent évidemment mis sur le compte d'une activité diabolique.

Le village de Chantelle se caractérisait par la fréquence, sur son territoire, d'un événement peu courant, le « sabbat des chats » selon un ouvrage de Joseph Bonneton, intitulé *Légendes et nouvelles bourbonnaises* :

> *Au-dessous de l'enclos est un emplacement pierreux et encaissé qu'on appelle la rue des Satans. C'est là, suivant une tradition entretenue par la superstition populaire, que se tient le sabbat des chats.*

Cantal

Dans le Cantal[1], nous aurions pu croiser les sorcières de la ville d'Aurillac, tenant leur sabbat dans la commune d'Ytrac, au carrefour de quatre chemins. Le château voisin n'a rien de diabolique, il servit au contraire d'abri face à la peste pour les habitants d'Aurillac. L'arpon du Diable (sans *h*), dans les monts du Cantal, est la trace des griffes du Diable, qui mena un combat épique contre saint Pierre après avoir essayé de le séduire sous les traits d'une charmante jeune fille.

1. Daniel Brugès, *Les Mystères du Cantal*, Éd. de Borée, Clermont-Ferrand, 2021.

Le Diable et sa meute dans la vallée de Brezons

Ce sera notre première rencontre avec une chasse volante, menée par l'une des incarnations du Diable ou de l'un de Ses affidés.

Cette forme d'apparition est répandue un peu partout sur le territoire, et jusqu'aux pays frontaliers, durant la nuit, dans quelques lieux maudits, des voyageurs attardés sont soudain entourés par les mouvements et le vacarme d'une chasse à courre. Des cavaliers qui galopent, des chiens qui halètent, le bruit des trompes et des sabots, les cris des piqueurs… À moins, pire encore, que la chasse ne soit silencieuse, composée de fantômes de chiens et de chevaux, menés par un être squelettique…

À la tête de la chasse se trouve un « chasseur maudit », un seigneur qui aurait blasphémé, passé un pacte avec le Diable et serait condamné à errer sur terre, à moins que ce ne soit le Diable en personne. Au XIXe siècle, le géographe et historien local, Jean-Baptiste de Ribier du Châtelet, a rapporté le témoignage d'habitants selon lesquels la chasse volante apparaissait à minuit, au croisement de quatre chemins desservant Brezons, Malbo, Vigouroux et le Cantal, elle passait ensuite par Saint-Martin-sous-Vigouroux, Malbo et Saint-Jacques-des-Blats, avant de disparaître au chaos de Casteltinet, près de Thiézac. Selon le folkloriste Gilbert Laconche :

> *La meute composée d'un nombre infini de chiens, passe devant lui haletante, la gueule ouverte, comme donnant de la voix, poursuivant à vue une biche égarée ; mais, pas un cri ne sort de ces gueules enflammées. Des piqueurs au costume écarlate, les yeux en feu, embouchent*

leur trompe insonore ; et, comme complément de cette ronde vient le Grand Veneur lui-même, vêtu aussi d'écarlate, un fouet à la main, et poussant devant lui tout son équipage de chasse[1].

Le Diable en personne.

La vallée de Brezons – Cantal

Le carrefour existe encore, entre la D57 et la D54. Rappelons que l'une des manières de se prémunir contre les méfaits du Grand Veneur serait d'adresser des prières à saint Hubert, saint patron des chasseurs.

Haute-Loire

Le Diable a construit un pont à Saint-André-de-Chalencon, au-dessus de l'Ance. L'histoire de sa construction est liée à un serment fait au Diable par un seigneur des environs qui, au Xe siècle, avait promis à Satan de Lui donner l'âme de la première personne traversant le pont… et qui se fit précéder par son chien. Furieux, le Diable jeta une grosse pierre qu'on voit encore de nos jours.

En Haute-Loire, à Saugues se trouvait un « gouffre infernal », fort mal fréquenté. On viendra ici pour visiter le musée de la Bête du Gévaudan, une créature évidemment diabolique.

1. Gilbert Laconche, *Légendes et diableries du Cantal : contes des veillées d'autrefois*, Éd. Verso, Fransèches, 1997.

Saint-Front – la vallée maudite

La vallée de l'Aubépin, entre les villages de Saint-Front et de Laussonne, fut au début du XXe siècle le théâtre d'événements qui démontrent à n'en pas douter que le Diable en personne y installa quelque temps Sa résidence bucolique.

Le 27 novembre 1902, deux adolescentes, Marie et Philomène Joubert, sont les victimes d'un phénomène terrifiant. Leur père et trois cultivateurs, Jean Masson, Pierre Sahuc et Jean-Claude Gérentes, de retour du marché de Laussonne, assistent à une scène diabolique. Les deux gamines sont en proie à des convulsions, elles ont le visage révulsé et poussent de cris déchirants. Mais surtout, elles sont bousculées, projetées contre les murs, élevées en l'air, comme empoignées par une force invisible et brutale. Le mobilier, la vaisselle et des pierres venues de nulle part volent autour d'elles.

Rentrés chez eux – sans demander leur reste ! –, les trois cultivateurs racontent ce dont ils ont été témoins. Les habitants des hameaux évoquent alors à voix basse le fantôme de Marie-Magdeleine, la première épouse du meunier Joubert, qui n'aurait pas apprécié que celui-ci se remarie un peu trop vite, mais surtout chacun s'accorde sur la personnalité du responsable, la « Trève », le Diable en personne.

Les deux jeunes filles sont conduites à l'église de Saint-Front où l'abbé Besset tente de les exorciser. Mais, raconte la presse locale :

À peine la porte de l'église franchie, les cierges se seraient alors brisés et l'aînée Marie, le teint livide et le regard ailleurs, aurait récité une prière satanique à un prêtre… interloqué. Une fois la séance d'exorcisme terminée, décision est prise de confier les deux fillettes à leur oncle, à Bournac, pour « rompre le charme » et les éloigner de l'effervescence de la vallée…

Elles s'éloignèrent en effet de la vallée, jusqu'à Paris, où elles vécurent jusqu'à leur décès, bien longtemps après les faits. L'une d'entre elles ouvrit un commerce tandis que l'autre se plaçait comme femme de chambre.

Sur place, les avis restèrent partagés, certains assurèrent qu'il s'agissait d'une belle supercherie destinée à repousser les tentatives d'achat du moulin par quelques spéculateurs rapaces. D'autres affirmèrent que le meunier Joubert avait accidentellement « vendu ses filles » au Diable en personne, qui lui avait proposé d'acheter sa grange et tout son contenu, alors que Marie et Philomène étaient en train d'y jouer. Le Diable de la vallée aurait, selon des témoignages bien tardifs et douteux, l'aspect d'un bel homme à la barbe rousse.

Il faudrait aller voir par soi-même.

L'église de Saint-Front

L'accès aux lieux est aujourd'hui difficile, même s'ils accueillent bon nombre de randonneurs : « Comme pour mieux garder ses secrets et légendes, la vallée où serpente le ruisseau l'Aubépin, coincée entre les communes de Saint-Front et Laussonne semble s'être refermée[1]. Les chemins, les prés d'autrefois et même les moulins à eau solidement bâtis en pierres du Mézenc et en lauzes ont été dévorés par une végétation sauvage, paradis aujourd'hui de pins, noisetiers et d'une faune riche. »

On pourra tout de même s'arrêter sur la tombe du prêtre exorciste, dans le cimetière voisin de l'église de Saint-Front.

1. Ch. D., « Les "filles du diable" de la vallée de l'Aubépin », *L'Éveil de la Haute-Loire*, Le Puy-en-Velay, 3 janvier 2019.

Les dents du Diable

Trois rochers en forme de crocs dominent les monts du Vivarais, ce sont les trois « dents du Diable », la « Grosse Roche », la « Dent pointue » et le « Chastelas ». Le Diable aurait mordu la terre et laissé au passage les traces de trois de ses crocs.

Les lieux ont toujours été le théâtre d'événements étranges ou terrifiants. Depuis l'Antiquité, c'est un *locus terribilis*, un lieu terrible. En 1420, le mont Mézenc aurait été survolé par des objets volants, en forme de croix ou d'étoile de feu, puis un village fut entièrement détruit par des pluies de pierre, ce qui ressemble assez à une éruption volcanique.

Le château du Chastelas, selon les légendes locales, dissimulerait la cachette d'un trésor druidique, aux pouvoirs maléfiques. La table d'or, volée au sanctuaire d'Apollon à Delphes et ramenée par les tribus vellaves, aurait de mystérieux pouvoirs, et Satan Lui-même en serait le gardien.

Plus récemment, le Diable Se manifesta en prenant le pouvoir sur les réseaux téléphoniques des villages avoisinants. En mars 1985, les habitants de la région signalent que leurs téléphones sonnent frénétiquement dans le vide.

Une chose est certaine, le Diable, si Diable il y a, n'aime guère voir des avions survoler Son territoire. Les abords des rochers ont été le cadre de nombreux crashs aériens. Pour l'écrivain Jean Peyrard, auteur d'un ouvrage intitulé *Le Triangle de la Burle, Bermudes en Cévennes* : « Le massif des "dents du Diable" marquerait l'entrée d'une porte dimensionnelle, un vortex terrifiant, perturbant les circuits électriques, déréglant les instruments de vol des avions… »

Une explication rationnelle met ces nombreux accidents aériens sur le compte d'imprévisibles coups de vent aux abords des dents du Diable. C'est évidemment moins romanesque.

Chaudeyrolles

C'est le départ de randonnées en direction des dents du Diable et des ruines du château du Chastelas.

Loire

Nous rejoindrons les abords de Lyon, en traversant les monts du Pilat, près de Sainte-Croix-en-Jarez, en grimpant jusqu'aux roches de Marlin, dont le nom évoque le Diable. S'asseoir parmi les rochers n'était pas sans conséquence, on pouvait se relever complètement idiot, ou doté de la connaissance universelle. C'est un risque à courir.

Promenons-nous avec le Diable

Tous les sites évoqués dans cette liste sont le but ou l'une des étapes de circuits de randonnées[1].

1. On glanera des informations plus précises sur le site suivant : https://www.auvergne-destination.com

Puy-de-Dôme

Un détour par le Puy-de-Dôme nous amènera à Vollore-Montagne au pied de l'arbre du Diable, dans le bois de Pamole, sur le territoire de la commune. Le Diable, voulant Se rendre à cheval de Clermont-Ferrand à Lyon au grand galop, dut prendre appui sur cet arbre durant Sa course folle, ce qui expliquerait sa forme bizarre, voire effroyable. Mais selon la légende :

> *Lorsque Satan s'aperçut que son prochain bond le conduirait sur les lieux des sources sacrées de ce qui allait devenir bien plus tard le monastère de Notre-Dame de l'Hermitage, le cheval se cabra et, dans un grondement effroyable qui fit trembler la région, cheval et cavalier disparurent dans les entrailles de la terre.*

Mais à l'évidence, le lieu le plus diabolique de la région se trouve sur le territoire de la commune de Besse-et-Saint-Anastaise. Ville maudite, elle aurait été engloutie dans le lac Pavin, que l'on disait sans fond. Dieu voulait punir les filles légères de la contrée qui s'étaient laissées séduire par le Diable, ce qui méritait la noyade. Satan en personne avait sa chaise à proximité, on peut encore s'asseoir sur les deux rochers qui la composent.

Riom, le sexe du Diable

Les nymphes, ces jeunes divinités qui barbotaient nues dans l'eau claire, semblent avoir élu domicile dans cette ville aux multiples fontaines. La plus sexy : la fontaine d'Adam et Ève décorée des bustes d'un couple, le haut du corps nu, ils se regardent du coin de l'œil, les bras croisés sur la poitrine.

Mais la ville fut surtout le théâtre d'une affaire étrange de sorcellerie qui nous en apprend de belles sur les mœurs sexuelles du Diable. Une fillette, Magdeleine des Aymard, raconta le sabbat vers lequel elle avait été entraînée de force :

> *Ledit diable lui parut un homme fort noir ayant la barbe noire qui paraissait être assez avant dans l'âge, que lors il se dépouilla et coucha avec ladite déposante, il paraissait avoir la peau fort noire, et qu'il prit avec sa main son membre viril et le mit dans la nature de ladite déposante et lui occasionna une grande douleur.*

Car le Diable est certes un amant vigoureux, mais tous les témoignages des possédées concordent : son sexe est « mi-partie, moitié de fer, moitié de chair », comme l'affirme – sans doute sous la torture – une jeune fille en 1603. La pauvre Magdeleine avait 13 ans lorsqu'elle rencontra le « Diable », elle fut vraisemblablement violée par un berger de son entourage qui lui donna la comédie du Diable. Le démonologue anglais Augustus Montague Summers affirme que la plupart des descriptions délirantes du phallus diabolique seraient liées à l'utilisation de godemichés par des monstres abusant de la crédulité de jeunes oies blanches.

La fontaine d'Adam et Ève

À défaut de voir le sexe du Diable, nous irons voir la poitrine d'Ève, déjà séparée de son compagnon de plaisir.

2, rue Simon, 63200 Riom.

La porte de l'enfer

L'une des portes de l'enfer se trouvait aux alentours de Riom, au lieu-dit La Croix-de-Fer. La porte a cédé la place à une auberge bien-aimée des amateurs de cuisine auvergnate roborative.

Dans les pas du Diable à Châtel-Guyon

Châtel-Guyon, dans le département du Puy-de-Dôme, est le cadre d'une course nocturne, nommée le « trail du roc du Diable ».

Le Diable dans les Alpes

Isère

Commençons par une mise en garde de l'écrivain Didier Audinot, qui compila les cas de phénomènes surnaturels sur le bord des routes françaises[1]. Une « auto-stoppeuse fantôme » fut prise à son bord par un automobiliste à la sortie du village de Château-Bernard, en Isère. Au bout de quelques kilomètres, l'homme se permit un geste déplacé envers sa passagère et tenta de poser la main sur ses seins. Il poussa alors un cri de surprise : la poitrine de la jeune femme était glacée. « L'autre lui répondit que c'était normal parce qu'elle était morte et qu'elle était le Diable, avant de s'évaporer… »

Parmi les dizaines d'histoires du même genre – relevant pour la plupart de légendes urbaines – c'est la seule qui convoque le Diable en personne.

Avant de nous rendre dans les montagnes, nous allons faire un arrêt dans les plaines de la Dombes, pour croiser le Grappin.

1. Didier Audinot, *Les Lieux de l'au-delà*, JMG Éd., Agnières, 1999.

Ain

Ars-sur-Formans : le Grappin, compagnon nocturne du curé d'Ars

Jean-Marie Vianney, le curé d'Ars, a rencontré le Diable.

Selon ses biographes[1], l'une des origines de sa vocation tiendrait à sa rencontre, durant son extrême jeunesse, avec saint Benoît Labre. Cet étonnant pèlerin mendiant, sorte de hippie mystique de la fin du XVIIIe siècle, s'arrêta pour demander l'aumône dans la ferme des Vianney. Le jeune Jean-Marie connut également la clandestinité de la pratique du culte catholique durant la Révolution française. Il avait moins d'une dizaine d'années durant la Terreur. Quelques circonstances rocambolesques lui valurent ensuite d'être considéré comme déserteur des armées napoléoniennes, ce dont il se vantera toute sa vie…

Après sa consécration comme prêtre, le 14 août 1815, commence pour lui une vie de « petit curé », sans appui dans les hautes sphères de l'évêché. Cette discrétion l'amène, le 9 février 1818, à prendre en main la misérable paroisse d'Ars, un village des Dombes. La suite appartient à la légende : sa difficulté à ramener les rudes paysans de la région vers la foi, son goût pour la pénitence, sa manière de proférer des menaces en chaire – « mon ami vous êtes maintenant dans le péché […] vous serez damné ! » – puis, à partir de 1823, sa persécution par le Diable, qu'il surnomme « le Grappin »…

1. Daniel Pézeril, *Pauvre et saint curé d'Ars*, Éd. du Seuil, Paris, 2002.

Jean-Marie Vianney a été béatifié en 1905, canonisé en 1925, déclaré « patron de tous les curés de l'univers » par le pape Pie XI en 1929. En 1986, Jean-Paul II a visité la basilique, construite à la fin du XIXe siècle autour de l'ancienne église du village. Elle abrite le corps embaumé du saint. C'est un lieu majeur de pèlerinage, visité par 500 000 personnes chaque année. Ils viennent voir le musée de cire qui reproduit les principales étapes de la vie de Jean-Marie Vianney, ou encore la maison du saint curé, dont l'objet le plus insolite est une table sur laquelle seraient visibles les traces du « Grappin » : le Diable en personne.

Le presbytère

Un pèlerinage à Ars sur les traces de son curé ne pourra pas être complet sans une visite de la cure où il vécut. On y découvrira son lit, une paillasse, qui porterait encore les traces des dommages causés par le « Grappin ».

Savoie et Haute-Savoie

En route vers les Alpes

Rien de tel que de hautes montagnes pour se dissimuler lorsqu'on a de très mauvaises intentions…

Le Diable vint donc S'installer près des forts de l'Esseillon en haute Maurienne où Il participa à la construction d'un pont et, comme toujours, Se fit rouler dans la farine par les habitants de la région qui Le firent traverser par une chèvre en guise de paiement de Son travail. Le Diable de la région conserve le souvenir de cette plaisanterie en portant des cornes de bouc.

On rencontrera les gorges du pont du Diable dans la vallée d'Aulps. Il s'agit d'un incroyable site naturel, que l'office de tourisme Savoie Mont Blanc décrit ainsi :

La promenade commence à travers une magnifique forêt de hêtres ; elle se poursuit quelques soixante-dix mètres plus bas, par un aménagement ancré dans la roche. Un premier escalier traverse un chaos d'énormes blocs encastrés entre les parois et nous livre un spectacle inattendu : la Dranse coule à près de cinquante mètres sous nos pieds, au fond d'un véritable gouffre.

C'est bien ce gouffre qui impressionnait les montagnards et leur faisait attribuer sa création au Diable. Et, pour faire bonne mesure, le massif du Vercors ouvre sur une porte du Diable.

Selon l'historienne Michèle Brocart-Plaut, en Savoie :

[Les sabbats ont lieu] près des lacs, des étangs, des sources, des fontaines cachées dans des creux écartés. Les scènes de sabbat se situent près de nos grands lacs, de Neuchâtel au Bourget, et non au fin fond des montagnes comme on aurait pu le supposer, moi la première. Les scènes de sabbat sont fréquentes autour du lac d'Annecy. On le rencontre aussi au carrefour de trois chemins, où le christianisme a depuis fort longtemps planté des croix d'exorcisme, dites de Mission, ou près d'une chapelle en ruines dont l'autel n'a plus de pierre consacrée.

La Savoie et la Haute-Savoie, ainsi que le Genevois tout proche, furent le théâtre d'importantes chasses aux sorcières qui s'achevèrent par le supplice de centaines de femmes vraisemblablement innocentes, même si on les accusait d'avoir assisté au sabbat, d'avoir participé à des orgies ou d'avoir consommé de la chair humaine. En 1462, à Chamonix, un groupe d'hommes et de femmes est condamné au bûcher : on les accuse d'avoir piétiné un crucifix et d'avoir rendu hommage au Diable en lui ayant « baisé le postérieur ».

Les gorges du pont du Diable

Un circuit vertigineux, au départ du village de La Vernaz, vous entraînera au long de 120 mètres de dénivelé.

La porte du Diable

Un sentier vous y emmènera au départ du village de Saint-Julien-en-Vercors, vous croiserez au passage une grotte de Gaulois. Après une belle promenade, vous découvrirez une porte en effet bien étrange au cœur d'une forêt.

Les diables de Bessans

Un petit village de Savoie a vendu ses âmes aux diables, à toutes sortes de diables, sculptés, colorés, joviaux, goguenards, mais armés de fourches et de piques. Bessans est devenu un petit musée en plein air de représentations diaboliques. On Le retrouve en effigie grimaçante sur la place du village et près de la fontaine.

Durant un reportage réalisé dans la commune par France Info, Georges Personnaz, conteur, expliqua :

Le diable qui fait aujourd'hui la réputation de Bessans est né d'une dispute entre le curé du village et son sacristain en 1857. À l'époque, ce dernier s'était vengé de façon originale. « Il a sculpté un diable qui emportait le curé sous son bras. Il l'a ensuite mis sous la fenêtre du curé. Quand il a ouvert la fenêtre, il s'est retrouvé nez à nez avec ce diable et se doute d'où provient la plaisanterie. Le matin suivant, il reprend la sculpture et la met à son tour sur la fenêtre du sacristain ».

Les statuettes représentant le Diable sont produites aujourd'hui par un atelier de sculpteurs, les Personnaz père et fils…

Le Diable dans la chapelle de Bessans

Le Diable y est représenté à plusieurs reprises, en particulier dans une scène de tentation du Christ.

Les envoûtés de Morzine

Le Diable se tenait tranquille depuis deux siècles, ayant sans doute décidé de ne plus perturber les nuits villageoises en organisant des sabbats. Les chasses aux sorcières, que l'historienne Mona Chollet définit comme une sorte de féminicide de masse[1], semblaient n'être plus que de mauvais souvenirs, quand le village de Morzine découvrit qu'il était le théâtre d'une terrifiante affaire de possession diabolique.

En 1857, deux fillettes accusent une femme d'un village voisin de les avoir envoûtées. Bientôt, toutes les élèves de

1. Mona Chollet, *Sorcières. La Puissance invaincue des femmes*, Éd. La Découverte, Paris, 2018.

leur école, puis une centaine d'habitants de Morzine en Haute-Savoie, commencent à avoir des comportements étranges, tous étant persuadés d'être victimes du Diable en personne. Dans un premier temps, le curé de la paroisse pratique des exorcismes, malgré l'interdiction qui lui en est faite par son évêque. Les troubles durent six ans, amplifiés par l'isolement dans lequel se trouve ce village de montagne. Selon l'historienne Michèle Brocart-Plaut, cette affaire est causée par un « curé manipulateur »[1].

L'affaire est réglée par la force : un nouveau curé et un détachement de gendarmerie ramènent l'ordre. Les possédés sont menacés d'emprisonnement, ce qui les ramène rapidement à la raison, d'autres sont internés dans des hôpitaux des environs, jusqu'à ce que le Diable Se lasse des sports d'hiver.

Quand le Diable marquait les filles de Reignier au fer rouge

Au XVIIe siècle, le village de Reignier-Ésery, en Haute-Savoie, fut le théâtre d'une étonnante affaire de sorcellerie. En juillet 1677, on soupçonne un dénommé Claude Vial, boucher de son état, de se livrer à des pratiques hérétiques. L'homme est un étranger – il vient de Contamine, un village voisin –, ce qui suffit à le faire soupçonner. D'après sa propre fille, il serait capable de faire tomber la grêle à volonté en pratiquant un rituel au cours duquel il blasphème le saint nom de Dieu et de la Vierge.

1. Michèle Brocart-Plaut, *Diableries et Sorcellerie en pays de Savoie*, Éd. Horvath, 1986.

Il se vantait également de pouvoir séduire toutes les femmes, des paysannes comme des marquises, grâce à des pouvoirs magiques. Il y eut ensuite aussi quelques sordides histoires de vaches bien mal acquises…

Les choses se gâtèrent lorsque Jeanne, l'une de ses filles, commença à raconter de bien étranges histoires. Selon un récit de la revue *Le Petit Colporteur*[1] :

> *Jeanne Vial se met à tenir des propos pour le moins insolites. Elle raconte qu'en revenant de Franche-Comté, alors qu'elle était âgée de sept ans, son père la contraignit avec force coups et mauvais traitements à le suivre par deux fois à la synagogue, autrement dit à la réunion des sorciers, au sabbat. Elle y fut accueillie par le Diable en personne qui était vêtu de noir, […] avait la forme d'un bouc avec des cornes de cerf sur la tête et une queue pendante à terre. Il faisait danser des demoiselles tandis que d'autres chantaient, jouaient du violon, du tambour, imitaient le corbeau ou la chouette.*

Rien de bien grave, même si la cérémonie s'achevait de bien étrange manière : « Le Diable désignait tous ses fidèles par leur nom et les faisait tous passer par dessous sa queue les uns après les autres. »

Claude, qui avait emmené sa fille au sabbat, exigea du Diable qu'Il la marque au fer rouge :

> *Mais le Prince des ténèbres refusa car elle était encore innocente. La seconde fois, Claude Vial réitéra sa demande. Le Diable refusa encore mais Claude lui dit que s'il ne la marquait, il la marquerait lui-même. Alors le Diable la marqua à la cuisse gauche avec un fer rouge comme ceux que les maréchaux font pour les chevaux de la largeur et rondeur d'environ un quart d'écu…*

1. André Decerier, « Un sorcier originaire de Contamine », *Le Petit Colporteur*, n° 2, Viuz-en-Sallaz, 2010, p. 20-24.

Cette marque passa par la suite pour la preuve irréfutable de la culpabilité de la jeune fille. D'autant que « Jeanne Vial n'hésitait pas à montrer sa marque à qui le lui demandait, remontant très haut sa robe, sans aucune pudeur pour découvrir sa cuisse près du bas ventre ».

Il n'en fallait pas beaucoup plus pour finir ses jours dans les flammes d'un bûcher. Le 23 juillet 1677, le procureur fiscal du Genevois, maître Puthod, ordonne l'arrestation de Claude Vial et de sa fille Jeanne. Durant son incarcération, la pauvre Jeanne est « visitée » par Pierre Brunet, maître chirurgien d'Annecy qui s'acharne sur la marque – qui devait sans doute n'être rien d'autre qu'une tache de vin – pour démontrer qu'elle est insensible, preuve, à l'évidence, que Jeanne est bien une sorcière. Interrogée à nouveau alors qu'elle est emprisonnée à Annecy, elle affirme que son père la battait, et qu'il l'avait entraînée de force au sabbat. Elle raconte à nouveau la scène du marquage « en précisant que le Diable, qui se nommait Gribery, a laissé le fer tout rouge sur la marque, l'espace d'une heure, ayant été couchée à terre à cet effet ».

Pendant ce temps-là, Claude Vial insulte les témoins qui ont poussé à son arrestation : « François Brazier est un traître, la Françoise Polliens, veuve Claude Brazier, est une menteuse et une larronesse, la Marie Bornand est une envieuse qui a déposé contre lui par malice, Sébastien Brazier a agi par envie et par malice », ce qui n'est sans doute pas tout à fait faux.

Un premier procès, suivi d'un second après un appel *a minima*, conclut sur la quasi-innocence des deux présumés sorciers. Les juges avaient compris, après de longs mois d'instruction, que Jeanne était un peu « simple ».

Le hameau des sorciers

Les Vial, père et fille, vivaient dans le village de Bersat, un hameau de Reignier-Ésery en Haute-Savoie, situé tout près du château Magny. C'est également ici, dans les marais, que Claude Vial faisait tomber la grêle.

Partie 2
Bourgogne-Franche-Comté

« Bon dieu dans la rue,
c'est un diable à la maison. »
Proverbe de Franche-Comté

La réunion des deux régions, la Bourgogne et la Franche-Comté, a donné naissance à un ensemble où le Diable et ses amis ont trouvé quasiment tout ce dont ils ont besoin pour mener leurs sinistres besognes. Ils ont ici des refuges pour abriter leurs agissements, une quantité raisonnable de ponts ou de portes rappelant leur passage, mais également des monuments décorés à leur image et même une fête en leur honneur.

Le Diable et ses amis en Bourgogne

Dijon, capitale régionale, est cernée par le Diable qui a disséminé Ses traces dans les départements de la Côte-d'Or, de la Saône-et-Loire et de l'Yonne.

Côte-d'Or

Le Dijonnais, région diabolique

À Antheuil, le sabbat se tenait dans la combe aux ânes. En souvenir de ces temps extravagants, un groupe d'habitants s'est constitué en association des joyeux sorciers d'Antheuil.

À Plombières-lès-Dijon, dans la forêt, se trouve une porte du Diable, désignée ainsi à cause de l'emblème sculpté sur le porche, qui ressemble effectivement à un visage diabolique, mais qui, surtout, a un bonnet : Bonnet, le nom du propriétaire des lieux, qui avait récupéré cette porte après la démolition de l'hôtel Bernardon à Dijon. Bizarrement, cet endroit présumé diabolique fut le théâtre de cérémonies ésotériques d'une secte catholique et aurait été le lieu d'une apparition de la Vierge… voire d'un chien maléfique, du

…Diable lui-même ou d'une « dame blanche », l'un de ces fantômes villageois qui hantent nos routes de campagne.

La voie romaine qui traverse le hameau de Cruchy, à Saint-Rémy, relie Autessiodurum (Auxerre) à Alésia. Nos ancêtres, pour qui les techniques de construction de voirie imaginées par les Romains étaient définitivement perdues, ne pouvaient croire qu'une chaussée quasiment indestructible, pavée de blocs de 35 centimètres de long sur 29 de large, pouvait être le résultat du travail d'ouvriers humains. Ils déclarèrent donc que c'était l'œuvre du Diable.

Le pavé du Diable

On peut encore en voir quelques centaines de mètres dans la traversée du hameau de Cruchy, à Saint-Rémy.

La porte du Diable

Elle se situe sur une petite route entre Plombières-lès-Dijon et Daix, au lieu-dit Champ-Moron.

Les sorcières de Mâlain

Rares sont les villes et les villages qui, en dehors des fêtes de Halloween, rendent hommage aux sorcières, les victimes de la barbarie des inquisiteurs – mais aussi les complices du Diable. La Foire des sorcières de Mâlain, à une trentaine de kilomètres de Dijon, est un événement festif, charmant, bien éloigné de l'univers terrifiant des véritables habitantes des lieux…

Car Mâlain – dont le nom ressemble évidemment à celui du « Malin » – fut le théâtre de véritables affaires de sorcellerie. En 1644, un dénommé François Musnier, domestique d'un laboureur, réussit à persuader les habitants que des sorciers et des sorcières sont responsables des mauvaises récoltes. Les villageois se font justice eux-mêmes et noient dans l'Ouche quatorze de leurs concitoyens soupçonnés de participer au sabbat. Celui-ci a lieu sur le mont Chauvin. Parmi les accusations portées contre des suspects, que cela conduira à la mort, certaines font frémir d'horreur. Les participants au sabbat s'enduiraient le corps d'un onguent fabriqué avec les membres et la chair d'enfants mort-nés sans avoir reçu le baptême.

Mais il y a une justice ! En octobre 1645, un nouveau procès condamne certains des dénonciateurs aux galères. Il est cependant trop tard pour quelques malheureux, pendus ou brûlés vifs pour des crimes vraisemblablement imaginaires.

La Foire des sorcières

On profitera d'une visite à cette fête bisannuelle pour faire le tour du mont Chauvin, où se déroulait leur sabbat. La foire en elle-même est plutôt bon enfant, bien loin de l'ambiance terrifiante des drames de 1644 et 1645.

Les possédées d'Auxonne

En 1658, il se passe de drôles de choses au sein du couvent des ursulines d'Auxonne : des jeunes religieuses âgées de

16 à 20 ans sont soudainement prises de convulsions… Ce sont des jeunes femmes en pleine santé, venant de connaître les bouleversements de la puberté, généralement enfermées contre leur volonté dans un couvent par leurs familles, qui font ainsi de substantielles économies de dot et d'entretien. On aurait tôt fait, aujourd'hui, de faire un lien entre ces différentes circonstances. Mais sous le règne de Louis XIV, il ne peut encore y avoir qu'un seul coupable : le Diable… et l'une de ses affidées, une dénommée Barbe Buvée, une sœur ursuline âgée de 45 ans, revenant au couvent après quelques années d'absence. Elle est dotée d'un caractère autoritaire, ce qui suffit à la faire désigner comme coupable des dérèglements constatés dans le couvent. On l'enferme ; commence alors une série d'incidents grotesques ou pénibles. Les jeunes sœurs ursulines sont exorcisées, ce qui, bien loin de les calmer, les pousse aux pires extravagances. Elles s'agitent, sautent en tous sens, se montrent nues… Un spectacle qui attire les curieux, avides de voir les « possédées d'Auxonne ». Une enquête est alors menée par un conseiller du tribunal de Dijon, Bénigne Legoux, qui conclut assez rapidement que les jeunes sœurs sont des affabulatrices. Son enquête, qui couvre 500 pages d'un dossier qui fut analysé et publié par l'historien Benoît Garnot[1], ne satisfait pas pour autant les autorités ecclésiastiques, qui mandatent un nouvel enquêteur en la personne de l'évêque de Chalon, qui conclut pour sa part à la réalité des possessions, avant que l'affaire ne soit purement et simplement enterrée. Il faut dire qu'entre-temps, les autorités avaient découvert ce qu'on

1. Benoît Garnot, *Le Diable au couvent. Les Possédées d'Auxonne (1658-1663)*, Éd. Imago, Paris, 1995.

reprochait véritablement à Barbe Buvée : elle avait interdit l'accès des cellules des nonnes aux jeunes prêtres de la ville, après avoir constaté la grossesse de l'une des jeunes sœurs.

Malheureusement, cette histoire grotesque fit de véritables victimes : trois pauvres femmes du voisinage, que l'on accusa de sorcellerie et qui furent lynchées par la foule. Il était innocent de ce qui se passait au couvent, et, pourtant, le Diable recevait ce crime inutile en récompense.

Le jeune Bonaparte, rival du Diable

L'ancien couvent des ursulines a partiellement disparu, il n'en subsiste qu'une façade. En revanche, le souvenir de celui que l'Europe entière considéra comme un suppôt de Satan est bien présent, car le jeune Bonaparte fut en garnison ici.

Saône-et-Loire

À Chapaize, un menhir planté près de la montée de Briançon, serait la trace d'un combat singulier opposant le Christ au Diable. Confortablement installés à Briançon, ils se seraient mesurés au lancer de caillou et le Diable aurait gagné. Ce menhir, planté au milieu de nulle part, effrayant et incongru, a une sorte de frère jumeau, avec la Pierre-Levée du champ de la Fa (de la fée) à La Chapelle-sous-Brancion.

Les diables de l'abbaye de Cluny

L'abbaye de Cluny fut le théâtre d'apparitions démoniaques, selon Pierre le Vénérable, abbé de Cluny à partir de 1122 : « Un moine qui méditait la nuit sur les psaumes vit une procession de démons qui traversaient le dortoir. Ils avançaient lentement, la tête cachée sous un capuchon, effrayants par leur nombre, leur gravité et leur silence. » Il affirmait encore que le Diable apparaissait régulièrement en songe à certains moines, sous la forme d'un ours, d'un vautour ou d'un homme aux traits hideux et effrayants. D'autres de ses moinillons, en visite dans un cimetière voisin, virent tous les moines décédés sortir de leurs tombeaux.

Bernard de Clairvaux, le créateur d'un ordre monastique plus austère que celui en vigueur à Cluny, dénonça dans son *Apologie à Guillaume de Saint-Thierry* ce qui pouvait expliquer le caractère un peu romanesque des jeunes moines. Il dénonce la prolifération de décors, statues, bas-reliefs, décorant les monastères :

> *Mais que signifient dans vos cloîtres, là où les religieux font leurs lectures, ces monstres ridicules, ces horribles beautés et ces belles horreurs ? À quoi bon, dans ces endroits, ces singes immondes, ces lions féroces, ces centaures chimériques, ces monstres demi-hommes, ces tigres bariolés, ces soldats qui combattent et ces chasseurs qui donnent du cor ? Ici on y voit une seule tête pour plusieurs corps ou un seul corps pour plusieurs têtes : là c'est un quadrupède ayant une queue de serpent et plus loin c'est un poisson avec une tête de quadrupède. Tantôt on voit un monstre qui est cheval par devant et chèvre par derrière, ou qui a la tête d'un animal à cornes et le derrière d'un cheval. Enfin le nombre de ces représentations est si grand et la diversité si charmante et si variée qu'on préfère regarder ces marbres que lire dans des manuscrits, et passer le jour à les admirer qu'à méditer la loi de Dieu.*

Ce qui pourrait en effet expliquer certaines visions diaboliques.

Autun, la cathédrale du Diable

La cathédrale Saint-Lazare d'Autun offre sur son magnifique tympan quelques images terrifiantes. Le Diable, évidemment, mais il est un peu partout chez lui dans cette cathédrale, qui semble lui être dédiée. Ici, comme le raconte l'historien local Claude Chermain :

> *Le diable apparaît taillé sous des dizaines de formes : quadrupède à queue de dragon aux griffes crochues, à la gueule ouverte prête à dévorer, démon hideux armé de fourche aux dents recourbées, griffon aux ailes déployées et aux serres acérées, ours et lion armés de la puissance du diable et autres monstres à la chevelure hérissée en couronne de flammes et à la gueule aux dents formidables, toujours prête à dévorer les âmes*[1].

Ses multiples représentations sont principalement l'œuvre de Gislebertus et de ses sculpteurs. Cet artiste du XIIe siècle est l'un des rares bâtisseurs de cathédrales dont le nom nous soit parvenu. On lui doit en particulier la création du tympan de la cathédrale et sa spectaculaire représentation du Jugement dernier, avec – coincé en bas à droite – le Diable S'emparant des damnés.

D'autres représentations diaboliques sont disséminées dans la cathédrale, sur les chapiteaux : le Diable au serpent ou le Diable à la fourche, sans oublier l'histoire du mauvais riche et du Diable… Le Diable d'Autun a l'aspect du Démon

1. Claude Chermain, « Le diable et ses suppôts sillonnent la cathédrale », *Le Journal de Saône-et-Loire*, Chalon-sur-Saône, 30 août 2014.

tel que l'imaginaient, ou l'avaient vu, des moines à l'esprit enfiévré. Le parvis de la cathédrale fut également le théâtre de l'épilogue terrifiant d'un procès en sorcellerie dont la victime fut un prêtre.

Le 24 avril 1624, Philibert Deleneault, curé de Brazey-en-Morvan, vicaire de Marcheseuil, marche vers son supplice. Il est condamné à être pendu, puis brûlé pour sorcellerie. Le cortège s'arrête devant la cathédrale, l'ancien prêtre s'arrête un instant, il prie. Mais il est bien tard.

Philibert Deleneault, âgé de 70 ans au moment de son procès, après de longues années de chasteté, eut plusieurs concubines – la dernière en date s'appelle Jeanne – qui lui donneront deux fils et cinq filles. Il possède par ailleurs une auberge, menant en parallèle de son sacerdoce une activité étonnante pour un prêtre. Un châtelain du voisinage, Charles de Montessus, qui l'avait sollicité pour l'aider à trouver un trésor, l'accuse d'avoir, pour cela, fait appel à des procédés magiques… sans rien trouver, et c'est sans doute ça le problème.

Les accusations viennent bientôt de tous les villages voisins : Vianges, Marcheseuil, Chissey-en-Morvan, Anost, Tavernay, La Celle-en-Morvan, Curgy, Auxy, Brandon…

Philibert Deleneault est arrêté, torturé, et avoue tout ce qu'on lui demande d'avouer pour que cessent ses supplices. « Il a passé un pacte avec le diable en 1597 », « pour être heureux à la chasse et guérir des maladies[1] » et lorsqu'il

1. Tel que le rapporte le journaliste et éditeur Francis Ziegelmeyer, *Le Bien public*, Dijon, 16 juillet 2013, https://www.bienpublic.com/cote-d-or/2013/07/16/brazey-en-morvan-un-cure-pendu-puis-brule

oubliait sa promesse, il était « battu et outragé par ledit démon ». Pire encore, lorsqu'il se rend au sabbat : « le diable se fait adorer sous forme de bouc et baiser au derrière » et « fréquente les démons incubes et succubes, ceux qui jouent le rôle des hommes et ceux qui jouent le rôle des femmes… »

Une perquisition chez lui ayant permis de découvrir des grimoires donnant quelques conseils « magiques », son compte est bon. Le prêtre-sorcier sera pendu, non sans s'arrêter un instant devant le tympan de la cathédrale… et d'entrapercevoir le Diable, devant Lequel il allait bientôt paraître.

Le Diable en Sa cathédrale

On visitera, non loin de la cathédrale Saint-Lazare, l'espace Gislebertus où nous pourrons voir le détail des sculptures qui Lui sont dues.

Espace Gislebertus, 14, rue Chanoine-Trinquet, 71400 Autun.

Yonne

La commune de Saint-Bris-le-Vineux, dans l'Yonne, peut s'enorgueillir d'abriter les bâtiments d'une ancienne commanderie templière, au front de laquelle figure le Diable en personne, ou du moins cette image de Baphomet qui Lui ressemble tant.

L'argent du Diable gît à Tonnerre

La fosse Dionne, un bassin énigmatique entouré d'un portique, se trouve dans un quartier retiré de la ville, à l'aplomb du plateau rocheux des Vieux Châteaux. Elle est associée à l'histoire de la famille du chevalier d'Éon, mais aussi au Diable en personne.

Vers 700, le Diable rencontra ici un jeune garçon, le petit Pierre, à qui Il demanda s'il connaissait une source pour y faire boire Son cheval. L'enfant accompagna le cavalier noir jusqu'à la margelle de la fosse où le Diable, en partant, oublia Sa bourse. L'enfant s'en empara et en dépensa l'argent, jusqu'à ce que le Diable le retrouve autour de la fosse. Paniqué, le petit Pierre jeta la bourse dans l'eau profonde avant de s'y noyer. Il fut sauvé par saint Palade, qui, au passage, donna aux eaux cette étonnante couleur bleu turquoise. Mais entre-temps, le Diable avait plongé Lui aussi dans la fosse à la recherche de Son argent, en creusant au passage ce puits sans fond et les galeries sous-marines que des spéléologues-plongeurs mirent des décennies à explorer.

Danger mortel

La fosse Dionne a réellement tué, en l'occurrence des plongeurs qui se perdirent dans les eaux de la succession de siphons alimentant la fosse.

Le Baphomet de Saint-Bris-le-Vineux

On le découvrira sur la façade de l'ancienne poste, rue Dorée à Saint-Bris-le-Vineux. La figure du Diable est haut perchée, mais bien visible, surmontée d'une scène énigmatique incluant des anges.

Épidémie de sorcellerie

En 1962, une communication de la commission de folklore et linguistique de Dijon donne des éléments intéressants de contexte aux histoires locales de sorcellerie et de possessions diaboliques :

Tout le long de la vallée de l'Ouche, sur les plateaux qui bordent cette rivière et jusqu'à Lucenay-l'Évêque, Saint-Symphorien-les-Autun, Montréal et Santigny, s'est développée durant l'été de 1644 une véritable épidémie de sorcellerie. La misère consécutive aux passages des troupes était très grande, les habitants de ces villages, situés dans des contrées naturellement âpres, se mirent à la disposition de quelques illuminés qui prétendaient identifier les sorciers jugés par l'opinion publique responsables des calamités présentes…

Diabolique Franche-Comté

La Franche-Comté eut le terrible honneur d'accueillir les agissement de Henry Boguet, juge de Saint-Claude dans le Jura, qui mena ici une répression féroce contre de prétendues sorcières, de 1598 à 1602 (en Bourgogne) puis jusqu'en 1614 (en Franche-Comté). La région est alors sous la juridiction des archiducs Albert et Isabelle, qui étaient intraitables avec les sorciers. On attribue à Boguet la mort de 40 pauvres femmes condamnées au bûcher et d'avoir eu à juger le cas de 9 loups-garous. Non content de fournir les bourreaux en chair à torturer, il rédige une sorte de manuel faisant la somme de ses découvertes – obtenues sous la torture, rappelons-le. En 1602, il publie son *Discours exécrable des sorciers*. Il y affirme ainsi que le Diable s'attire l'obéissance des femmes en les satisfaisant sexuellement :

Satan les cognoist toutes, parce qu'il sçait que les femmes ayment le plaisir de la chair, afin que par un tel chatouïllement, il les retienne en son obeyssance, joint qu'il n'y a rien qui rende plus tributaire, et obligée une femme à l'homme, que lorsqu'il en abuse.

Doubs

À Montbéliard, en 1646, une dénommée Adrienne d'Heur est dénoncée par ses voisines, torturée jusqu'à ce qu'elle avoue et brûlée vive. Des sorcières accusées d'avoir envoûté des vaches, les empêchant de produire du lait, connaissent le même sort. À Besançon, en 1602, trois femmes sont étranglées puis brûlées. Selon Brigitte Rochelandet, historienne des Mentalités : « En Franche-Comté, 795 cas de sorcellerie ont été recensés entre 1434 et 1667, dont 367 accusés et 395 villages concernés. » Une bonne moyenne !

Une femme surnommée La Menestrerot est dénoncée par ses voisins : on l'accuse d'être « superstitieuse, menteuse, réputée sorcière et femme de mauvaise vie[1] ». Elle n'est condamnée qu'au bannissement perpétuel. Mais la cour de justice fait appel de sa condamnation : ce n'était pas suffisant. Elle est alors condamnée à être étranglée et son corps, brûlé.

Malgré tous les outrages que le Diable commet ici, les habitants de Franche-Comté Lui rendent hommage lors d'une fête organisée autour du pont du Diable. Il y en aurait 170 en France, quelques-unes des communes en abritant un se sont réunies pour créer les « Festidiables », des fêtes folkloriques autour de leurs ponts. C'est le cas du village de Crouzet-Migette en Franche-Comté. Durant ces réjouissances, on rejoue les légendes associées à leurs constructions.

---

1. Daniel Bienmiller et Michelle Millet, « Univers folklorique et sorcellerie à Dôle aux XVIe et XVIIe siècles », *Cahier dolois*, n° 1, 1977.

Crouzet-Migette, le pont du Diable

Ce pont, construit dans ce village du Doubs au XIXe siècle, est pourtant associé à une légende remontant, elle, au XIIIe siècle. Le constructeur du pont, craignant de ne pas l'achever à temps, fait appel au Diable pour finir les travaux, ce qu'Il accepte en échange de l'âme de la première personne le traversant. À chaque pont sa variante, ici c'est un prêtre qui passe le premier et chasse le Diable en l'aspergeant d'eau bénite.

La clé de voûte du pont est décorée d'un beau visage de Diable, cornu, barbu et grimaçant.

Jura

Le Diable avait également Ses aises dans le Jura. On raconte ainsi l'étonnante histoire d'un groupe de douze libertins masqués qui, à Dole, parcouraient les rues de maisons closes en cabarets pour s'y livrer à mille débauches… jusqu'à ce que l'un d'entre eux se rende compte qu'ils n'étaient plus douze, mais treize. Il demanda alors à tous ses amis de se démasquer, et les amis de luxure ne se retrouvèrent plus que douze. Le Diable était parmi eux. La rue où se déroula l'incident fut nommée la rue de la Diablerie.

Une rue diabolique à Dole

La rue de la Diablerie se nomme aujourd'hui rue Bauzonnet, mais il n'est pas interdit de rester prudent.

Territoire de Belfort

Nous achèverons cette promenade comtoise sur les traces du Diable en allant voir justement ses empreintes, les pas du Diable, dans le hameau du Val, à Saint-Dizier-l'Évêque. On affirme que quelques cavités dans le sol sont les traces de l'évêque saint Dizier et du Diable en personne, qui s'y rencontrèrent et s'y chamaillèrent un peu.

Partie 3
Bretagne

« Au milieu des danses s'assoient les diables. »
Proverbe breton

Heureux comme le Diable en Bretagne.

Il s'y sent partout chez Lui, entre des mégalithes mystérieux dont l'élévation Lui est souvent attribuée, des églises et des calvaires qui accueillent bien volontiers Son image, des territoires entiers, landes humides et forêts profondes, où Il peut Se promener la nuit, et même quelques portes pour Son enfer… Malgré cela, on ne Le prend pas toujours au sérieux, la région conserve des souvenirs parfois pittoresques de Son passage, comme la roche du Diable à Sougéal, dont on dit qu'elle fume lorsque le Démon y fait réchauffer des crêpes… Pourtant, Il a même ici un complice pour ramener à Lui les âmes errantes : l'Ankou, l'ouvrier de la Mort, choisi parmi les derniers morts de l'année.

Si l'image ne risquait pas de Lui déplaire, nous pourrions dire que, pour le Diable, la Bretagne est un véritable paradis…

Rennes et ses alentou
terre diabolique

Rennes, capitale diabolique

Les dernières heures d'un adorateur de Satan

La place des Lices, au cœur de la capitale régionale, est aujourd'hui bien accueillante. Les habitants viennent y faire leur marché, s'attabler aux terrasses des cafés, sans se douter des horreurs qui se déroulèrent ici. Si on en croit les plans de la ville, établis en 1726 et 1775, un gibet était installé en permanence en haut de la place, près du débouché de la rue des Innocents. Et bien des innocents, en effet, perdirent la vie ici, sur ces bois de justice, roués, pendus, brûlés vifs...

Ce 19 janvier 1643, les bourreaux ont fort à faire, le parlement de Bretagne a condamné à mort deux personnages accusés de pratiquer la sorcellerie dans la ville voisine de Fougères[1]. Rien d'extraordinaire, sinon que l'un des suppliciés est un prêtre. Mathurin Trullier, surnommé l'abbé de la Poussinière, a été nommé chapelain de l'église

1. Marie Droüart, « Un procès en sorcellerie : l'affaire Poussinière », *La Bretagne*, Brest, janvier 1937.

…lpice, un drôle de chapelain que les fidèles soup-
…ment de crimes et de blasphèmes. On l'accuse d'être
…esponsable de l'épidémie de peste qui ravage la ville, et de se livrer à des expériences d'alchimie, mais aussi à des farces d'un goût douteux. Il aurait, par exemple, servi à ses convives des cerises de son jardin, le soir de Noël, ce qui passa pour un prodige, alors qu'il devait simplement avoir quelques connaissances en botanique. De même, il fut accusé d'avoir déclenché un orage d'encre pour punir les dames qui se rendaient à la messe en tenues extravagantes. Des grimoires suspects, découverts dans son antre, suffirent à le convaincre de sorcellerie.

Mais on lui prête des méfaits plus étonnants : il serait responsable de la déformation de la flèche de l'église Saint-Sulpice à Fougères. L'abbé de la Poussinière ayant croisé un dénommé Guillaume Matthieu, syndic de la corporation des marchands de soie et de laine, il lui aurait proposé d'aller à Rennes par la voie des airs. L'abbé affirme qu'il doit lui-même se rendre dans la capitale pour y assister à une messe noire à l'abbaye Saint-Melaine de Rennes et prend le marchand sous son bras, avant de s'envoler dans les airs. Pris de panique, Guillaume Matthieu agrippe au passage la flèche de l'église pour échapper au sorcier et retrouver la terre ferme. Le clocher en resta tordu quelque temps.

L'abbé de la Poussinière est un sorcier, cela ne fait aucun doute. On lui reproche également son goût pour Guyonne Javelle, fille mineure, qu'il aurait subornée. Il est arrêté dans sa propre église. Avant d'en sortir, il désigne la porte par laquelle les soldats viennent de le faire passer, et déclare : « Le prochain qui passera cette porte mourra ! » Ce qui poussa immédiatement les habitants à la faire murer ; elle l'est encore.

Trop confiant en son pouvoir de suggestion, il déclare à ses geôliers : « J'ai rêvé que ma mort serait causée par un âne. » Funeste erreur, c'est précisément le nom du juge en charge de son affaire au parlement de Bretagne. Il est jugé en compagnie d'un complice, Isaac Marais, lui aussi accusé de répandre la peste et d'en profiter pour s'enrichir.

Les deux hommes sont torturés puis conduits sur les lieux de leur supplice, place des Lices, après avoir fait amende honorable devant la cathédrale Saint-Pierre.

La place des Lices à Rennes

Au centre de Rennes, cette vaste place abrite les deux halles des marchés couverts. Le gibet et l'échafaud se trouvaient à l'emplacement actuel d'une belle horloge, au débouché de la rue des Innocents.

Église Saint-Sulpice à Fougères

On y trouve, entre autres curiosités, une gargouille au visage bien diabolique et au bas d'un vitrail, une charmante représentation de la fée Mélusine.

Enclos Étienne de Fougères, rue le Bouteiller, 35300 Fougères.

Ille-et-Vilaine

Monthault, le village du Diable

On ne passera pas en Ille-et-Vilaine sans visiter la forêt qui entoure le village de Monthault, où se trouve la pierre au Diable, un rocher qui comporte les empreintes d'un corps allongé. Le Diable y aurait fait la sieste.

Les abords de l'amas de rochers ont été décorés d'œuvres d'art rendant hommage au Malin. On peut s'asseoir sur un banc du Diable, décoré d'un visage grimaçant, ou les griffes du Diable, greffées sur une grande sculpture représentant une main ouverte.

Un gros rocher, la « pierre écriante » – glissante – passait pour mettre à mal les culottes délicates des jeunes femmes. Ce gros rocher rugueux est l'un des nombreux lieux magiques français, qui aurait pour vertu de permettre aux filles de se trouver un petit ami. Pour cela, elles devraient s'y frotter en tournant sur elles-mêmes.

Mais le Diable n'y était pour rien.

Côtes-d'Armor

Le temple du Diable

Voilà un bien grand mystère pour un si petit village.

Un peu à l'écart de la rue principale de Lanleff, dans les Côtes-d'Armor, se trouve un étrange bâtiment dont la forme a longtemps intrigué les habitants du voisinage, et fait naître les hypothèses les plus diverses quant à l'identité de ses constructeurs. Le bâtiment de grès rose, en ruine, se présente sous la forme de deux enceintes circulaires concentriques séparées par un déambulatoire. L'enceinte extérieure est partiellement détruite, alors que le premier cercle se compose encore de 12 arches dont les piliers sont décorés de sculptures étranges – des mains, des couples, des monstres…

De multiples hypothèses ont été émises au fil des siècles : des archéologues amateurs pensèrent qu'il s'agissait d'un temple romain ou gaulois, d'un lieu voué au culte du soleil, d'un baptistère mérovingien, du cadre de sacrifices humains ou d'une église ayant été construite par les templiers, alors qu'il est peu probable qu'ils soient pour quelque chose dans sa construction.

Mais l'hypothèse la plus sérieuse, si on en croit la légende locale, serait qu'il s'agit du temple du Diable en personne. On racontait qu'Il rôdait dans les souterrains courant sous la structure ronde. La légende locale affirme qu'une pauvre paysanne aurait accepté un marché démoniaque : Lui vendre l'enfant qu'elle ne parvenait pas à nourrir contre une poignée de pièces d'or. Mais ces pièces venues de l'enfer étaient brûlantes, et elles auraient laissé leur marque sur la margelle de la fontaine du temple. Elles sont toujours visibles.

Plus prosaïquement, le temple serait une église chrétienne bâtie au XIe siècle, dont la forme circulaire rappellerait celle du tombeau du Christ, le Saint-Sépulcre.

À la fin du XIXe siècle, le poète breton Frédéric Le Guyader écrivit :

Quel Barbare érigea, dans ce recoin breton,
Ce temple qu'une nuit effroyable enténèbre ?

Le Diable, évidemment.

Le Diable s'invite sur les calvaires du Finistère

Katell Gollet, la fiancée du Diable

« Les cheveux défaits, les seins pendants, avec une inoubliable figure d'épouvante, [elle] est précipitée nue dans l'enfer[1] ». Cet étrange personnage, échevelé et nu, figure dans cette tenue au milieu de scènes des Évangiles qui décorent et composent le calvaire de Guimiliau. C'est une fille perdue ! Katell Gollet, Catel la perdue, est la malheureuse héroïne d'une légende locale aux multiples variantes. Cette belle jeune fille de 16 ans vivait dans le château de son oncle, à La Roche-Maurice. Le comte ne la supportait plus, elle ne songeait qu'à s'amuser et à danser, il voulait la marier le plus rapidement possible, mais elle refusait tous les prétendants qu'on lui présentait. Elle promit pourtant de se marier à l'homme qui réussirait à la faire danser toute la nuit. Tous les jeunes gens du pays vinrent tenter leur chance, mais abandonnaient bien vite, épuisés par les gavottes, les danses plinn et les jabadaos… Déçu par tous ces piètres

1. Charles Le Goffic, *L'Âme bretonne*, tome 1, Éd. des Régionalismes, Cressé, 1902.

danseurs, Katell invoqua les puissances de l'enfer pour que de nouveaux musiciens viennent remplacer ceux qui étaient trop épuisés pour que le bal continue. Un nouveau cavalier se présenta alors, un bel homme, qui entraîna la jolie Katell dans une danse qui dura toute la nuit. C'était évidemment le Diable en personne, qui emmena Sa jeune fiancée vers les enfers.

À moins qu'on adhère à cette autre version : Dieu, qui n'appréciait guère son goût pour la danse, la frappa d'une maladie qui l'enlaidit, mais lui promit de la pardonner si elle se confessait, ce qu'elle fit sans grande conviction malgré l'apparition de Marie Madeleine qui l'y encourageait. Pendant tout ce temps, le Diable lui disait : « Si tu te confesses, je te tuerai, si tu te tais, je te sauverai ! » Katell, jeune servante aux mœurs dissolues, avoua enfin en confession un péché « maudit et honteux » : elle aurait volé une hostie dans le sanctuaire de Dieu pour plaire à son amant, le Diable. Elle fut condamnée aux flammes éternelles et, le lendemain de sa mort, apparut à ses amies dans un buisson de feu pour leur annoncer sa damnation, « le visage plein de serpents et les yeux de salamandres ».

Nous la voyons sur les calvaires de Guimiliau et de Plougastel-Daoulas, en compagnie de son amant le Diable, qui la conduit au châtiment en la jetant dans la gueule d'un monstre marin. Le poète Charles Le Goffic, très exalté, décrit la scène :

> *Un diable lui caresse le cou de sa fourche ; un autre l'agrippe par le bras ; un troisième, mufle de bourreau et de vampire, la saisit par derrière, ses griffes obscènes plantées à l'endroit le plus tendre du corps,*

sur la douce fleur de chair qui ne s'ouvrira plus à l'amour. À vrai dire, le Diable a bien l'air de tenter d'abuser d'elle[1].

Ce qui n'est pas si flagrant quand on regarde l'œuvre, mais laissons-lui ses fantasmes. La morale de l'histoire tient en une formule, connue naguère de toute la jeunesse bretonne : « Chrétiens, confessez hardiment chaque péché, sinon, comme Catherine, vous serez perdus… »

Le Diable en ses calvaires

Le calvaire de Guimiliau

Il est situé dans l'enclos paroissial de ce village de 750 habitants, en compagnie d'autres monuments religieux. Ce qui faisait dire à un écrivain breton de la fin du XIXe siècle que Guimiliau est un « véritable musée ».

Le calvaire de Plougastel-Daoulas

Conçue au début du XVIIe siècle, la statuaire du calvaire permet de découvrir des scènes des Évangiles « interprétées » par des personnages vêtus de costumes bretons de l'époque. Selon le journaliste Léon Le Berre, qui compara les deux ouvrages en 1937 : « À la vérité, il y a chez ces "santons" de granit [de Plougastel] moins de truculence peut-être qu'à Guimiliau, mais plus de recueillement[2]… »

Le calvaire de Plougonven

On n'y rencontrera pas la pauvre Katell les seins nus, mais le Diable en personne, représenté en pied, portant une sorte de robe de moine lubrique. Son visage effrayant et souriant est surmonté de cornes de bouc.

1. *Ibid.*

2. Léon Le Berre, « Coup d'œil sur Plougastel-Daoulas », *L'Ouest-Éclair*, Rennes, 18 août 1937.

Le calvaire de Plonévez-du-Faou

Le calvaire de l'enclos paroissial de Plonévez permet de découvrir une figure diabolique dans un contexte encore différent. Le Diable figure dans la scène centrale, représentant une crucifixion. Il est blotti au pied de la croix du mauvais larron. Il est nu, cornu, grimaçant, son visage monstrueux repose sur un socle représentant une figure tout aussi monstrueuse. Selon les historiens de l'architecture religieuse bretonne, ce calvaire aurait été réalisé par le sculpteur connu sous le nom de « maître de Guimiliau », l'auteur de la scène de la damnation de Katell Gollet.

Les enfers et leurs portes bretonnes

Les portes de l'enfer se trouvaient évidemment en Bretagne : on les situait dans les marais de Yeun Elez au cœur des monts d'Arrée, situés aujourd'hui non loin de la centrale nucléaire de Brennilis. Selon la légende, rapportée par *Bretagne Magazine*[1], citant le folkloriste Anatole Le Braz :

> *C'est ici que l'on venait rejeter en enfer les âmes mauvaises qui hantaient les vivants. On faisait alors venir un prêtre exorciste chez soi pour métamorphoser le revenant en chien noir. On conduisait ensuite l'animal jusque chez le recteur de Commana ou de Brasparts en prenant soin de s'arrêter dans chaque presbytère sur le chemin. Le prêtre se vêtait de son surplis, prenait son étole et accompagnait la personne et le chien au cœur du Yeun Elez à la tombée de la nuit.*

Les âmes errantes étaient-elles ainsi renvoyées aux enfers ? Cela reviendrait donc à noyer un chien innocent…

1. Le 19 janvier 2011, https://www.bretagne.com/fr/la-bretagne/sa-culture/ses-legendes/le-yeun-elez-aux-portes-de-lenfer

Une autre porte de l'enfer se trouvait dans la forêt de Huelgoat, dans la grotte du Diable, accessible par un sentier de randonnée. Selon une anecdote racontée aux visiteurs par les guides des lieux :

> *[...] jadis, un révolutionnaire des alentours de Berrien, poursuivi par les chouans, partisans du roi, se serait réfugié dans cette grotte. Mais cette dernière étant si sombre et si froide, le fuyard décida alors, au risque de signaler sa présence, d'allumer un grand feu de branchages pour se réchauffer. Il portait un chapeau où se dressaient deux plumes rouges et sa main serrait une grande fourche, seule arme à sa disposition pour se défendre. Mais quand les chouans descendirent dans la grotte, ils crurent voir, derrière le feu, l'ombre du diable et se sauvèrent en hurlant « Au Diable, au Diable ».*

Cette version des faits est bien trop prosaïque. La grotte du Diable aurait été la résidence de l'Ankou, ce serviteur de la Mort qui collecte pour lui les âmes des damnés. Mais se sentant trop à l'étroit, il l'aurait offerte à son collègue le Diable, qui pouvait ainsi accéder directement aux tréfonds des enfers. Il en aurait été chassé par un bourrelier ; aussi sa famille, la diablesse et les diablotins, privés de la protection du Diable, moururent de faim et de froid.

Nous retrouvons d'autres portes de l'enfer plus proches de l'océan. Les grandes grottes de Morgat, sur la presqu'île de Crozon, sont évidemment associées au Diable. On y trouve l'entonnoir du Diable, des espèces de conduits verticaux, dans lesquels l'eau de mer se précipite pour jaillir vers le ciel, comme un geyser.

L'ermitage de saint Guénolé, sur les rochers du Diable à Locunolé, passe pour dissimuler le trésor du Diable.

Le démon et saint Guénolé, venu évangéliser la Bretagne, se battirent ici, au bord de la rivière Ellé, pour la propriété des âmes des villageois. Le Diable, berné par le saint dans l'une de ces banales histoires de « pont du Diable » qui s'achèvent toujours mal pour Lui, jeta une pierre gigantesque qui ouvrit le gouffre du Diable. En route vers les enfers, Il y aurait oublié son trésor.

Les portes des enfers en Finistère

Les marais de Yeun Elez

Ils appartiennent au parc naturel d'Armorique, et sont accessibles depuis le village de Brennilis (connu pour sa centrale nucléaire aujourd'hui démantelée). L'Ankou – le faucheur de vie – qui passait pour arpenter les marais à la nuit tombée, risque de croiser des ornithologues et des amateurs de randonnées pédestres parmi les tourbières.

La forêt de Huelgoat

On y accède à partir du village de Huelgoat, au sud de Morlaix. La forêt offre un véritable panorama de l'univers légendaire breton. On y croise Gargantua, la Vierge, le roi Arthur, l'enchanteur Merlin, des fées, des korrigans et, bien évidemment, le Diable.

Les grandes grottes de Morgat

On les visite en bateau depuis l'embarcadère de Crozon-Morgat.

Le gouffre du Diable

C'est aujourd'hui un lieu voué à la randonnée et aux sports nautiques, connu des amateurs de canoë-kayak.

Ys, la ville offerte au Diable

La ville d'Ys fut engloutie dans la baie de Douarnenez. Construite deux mille ans avant notre ère, elle se trouvait en dessous du niveau de la mer à marée haute, et protégée par de hautes digues. Ses défenses furent submergées à la suite de la trahison de Dahut, la fille du roi Gradlon, qui en donna les clés au Diable. Déjà, elle avait fait de la ville une nouvelle Sodome, organisant des orgies durant lesquelles ses nombreux amants étaient mis à mort. En détruisant la cité, elle balayait les traces de ses crimes. Dahut fut punie en étant transformée en sirène errante. Le roi Gradlon se réfugia dans les terres, où il installa sa capitale à Quimper.

Selon une version légèrement différente de la légende, la pointe du Raz fut le décor de l'événement tragique à l'origine de l'engloutissement de la ville d'Ys. La fille du roi Gradlon tomba du cheval de son père, attirée dans les flots par un Diable trop charmant qui lui subtilisa les clés de la ville. Le Diable alla ouvrir les portes d'Ys et les flots s'y engouffrèrent, noyant au passage la jeune princesse maladroite. Depuis, elle hante la baie des Trépassés, attirant dans le gouffre les marins en détresse. C'est alors que l'on entend sonner la cloche d'Ys, résonnant au fond des flots déchaînés.

Le Diable du Juch

Le village du Juch, en Finistère, est un haut lieu de la France du Diable…

À se demander s'Il ne serait pas intervenu en personne pour que tout ici soit conçu à Sa gloire. La légende s'empare d'abord des empreintes laissées sur une pierre, située en dehors du village. Selon les historiens, rédacteurs d'un site local intitulé « Le Juch – Histoire & Patrimoine » :

> *Non loin de la carrière du Roc'hou, au milieu du chemin qui conduit au Juch, presque en face du Gazek C'hlaz, se trouve une pierre usée par les pieds des passants, portant deux empreintes bien nettes, orientées en sens opposé, qu'on prendrait pour des traces de sabots de cheval ou de mulet mal ferré. Cette pierre a sa légende. On dit que le diable, en punition d'un de ces mauvais coups dont il est coutumier, fut un jour condamné par le Bon Dieu à transporter la grosse cloche du Juch depuis sa fonderie jusqu'à son lieu de destination. Il chargea la cloche sur ses épaules, et comme il venait de très loin (on ne dit pas d'où) et que la cloche était bien lourde, arrivé à cet endroit du chemin, le souffle lui manqua. Il s'arrêta sur cette pierre pour reprendre haleine. Or la cloche pesait si lourdement sur ses épaules que ses sabots pénétrèrent dans le roc comme dans de l'argile*[1]*…*

Malheureusement, cette pierre a disparu… des carriers l'ont fait sauter à la dynamite pour aplanir le chemin. Le Diable, vexé sans doute, n'a pas quitté le village pour autant. Car après avoir transporté la lourde cloche, Il exigea que l'on expose une statue à Son image dans l'église. Ce qui fut

1. Marie Agnès Le Doaré, Roger Youinou, Jean-Alain Le Goff, Hippolyte Guichaoua, Monique Joncour, Sylvie Tanguy, *Le Juch – Histoire et Patrimoine*, Le Juch, 14 juillet 2001, https://lejuch-patrimoine.fr/

fait, mais on l'installa dans une position humiliante : sous une image de l'archange Michel triomphant.

La statue grotesque faisait l'objet d'une étrange superstition de la part des marins de Tréboul, Douarnenez, et Pouldavid s'apprêtant à prendre la mer : ils lui jetaient leurs mégots ou leurs chiques, pour que le Diable ait toujours quelque chose à fumer. Pendant ce temps-là Il les laissait donc naviguer tranquillement.

Les églises du Diable

Le Juch

Le Diable, nu à plat ventre, grimace sous le poids du pied de l'archange Michel portant une armure rutilante. Selon une hypothèse, plus historique que légendaire, ce démon ridicule représenterait l'hérésie protestante, vaincue par l'église catholique.

Église Notre-Dame, route de la Gare, 29100 Le Juch.

L'enfer et les diables de Kemascléden

Le croisillon sud de l'église catholique de Kemascléden, dans le Morbihan, comporte des fresques décrivant « l'enfer et ses diables » et la danse macabre : « Les damnés mijotent dans des marmites ventrues, touillés par des démons fourchus et hilares. »

Le Diable de Campénéac

Une statue du Diable datant de 1850, une fois de plus humilié, prostré dans ses grandes ailes de chauve-souris et accablé, est installée au pied de la chaire de l'église de Campénéac, près de Ploërmel, dans le Morbihan. Des paroissiens ou des exaltés ne devaient pas le trouver encore assez inoffensif. La statue a été vandalisée en 2019 : on lui a brisé le nez…

Partie 4
Centre-Val de Loire

« Qui a le diable dans sa bourse
finit sa vie sur la paille. »
Proverbe

Le Berry est l'une des rares régions dont les habitants les plus célèbres sont des sorciers. La plupart d'entre eux se contentaient de guérir leurs congénères en utilisant leurs talents de rebouteux ou leur connaissance des propriétés des plantes médicinales. Rien de réellement diabolique… même si ce n'était pas forcément l'avis des inquisiteurs ni de l'Église.

L'un des monuments les plus célèbres de la région est une mare, perdue dans le bois de Chanteloube, près de Mers-sur-Indre, qui doit sa notoriété à un roman de George Sand publié au XIXe siècle et que plus grand monde ne lit. Cette histoire du second mariage de Germain, un paysan veuf avec trois enfants, se déroule dans un décor empreint de mystère. Rien à voir donc avec notre sujet, sinon ce titre plein de promesses : *La Mare au diable*.

Les cathédrales du Démon

La région est riche en édifices religieux, elle abrite surtout deux des cathédrales majeures de l'histoire de la chrétienté, qui, l'une et l'autre, ont su être accueillantes au Diable.

La cathédrale de Chartres

Notre-Dame de Chartres est l'un des monuments français les plus étranges, si on en croit le volume de littérature ésotérique que ses « mystères » ont suscité. On a voulu voir dans ses décors, son architecture ou son orientation face à la plaine, la réponse à bon nombre des énigmes qui agitent la chrétienté, à commencer par la quête du Graal.

La cathédrale, pour reprendre une expression aujourd'hui galvaudée, est un « grand livre de pierre ». Ses concepteurs et ses bâtisseurs s'adressaient au peuple chrétien, souvent illettré, en lui racontant en images et en volumes l'histoire sainte, l'histoire de l'humanité, mais aussi les dogmes qui fondent la religion catholique, « selon la tradition des livres saints et la révélation par laquelle Dieu avait fait connaître sa loi, son avènement et ses mystères[1] ».

Le Diable est évidemment présent dans ce grand récit, où se rencontrent la vie du Christ de la Nativité à l'Ascension, la vie des quatre évangélistes, des saints et des martyrs…

Il est bien là, comme le décrit une étude de l'historienne des arts Michèle Vauthier :

> *Sur la façade occidentale, au bas de l'extrémité droite de l'archivolte du portail droit du Portail royal, près du clocher vieux, un être est tapi dans le creux de la pierre. On n'en peut discerner que la tête et l'extrémité des membres antérieurs. L'abbé Guy Villette en propose la description suivante : « Le plus grinçant des démons de l'art roman, cornu, le nez en croupion de poulet, la denture en dents de scie, les pattes disposées à la façon d'un lion sur le point de bondir »*[2].

Le Diable est aussi présent sur le portail sud de la cathédrale, qui expose des scènes du Jugement dernier. Il accompagne les damnés, il grimace de satisfaction avant de les plonger dans son enfer. Nous Le voyons plus précisément porter une femme nue sur Son dos vers le châtiment. Il est bien laid. Comme le constate encore Michèle Vauthier :

> *Les personnages laids sont nombreux dans l'iconographie ecclésiale du Moyen-Âge, qu'ils soient polymorphes, tordus, bossus, grimaçants ou atrophiés et bancals…*

1. Collectif, *Guide de la France mystérieuse*, Éd. Tchou Princesse, « Les guides noirs » (coll.), Paris, 1980.

2. Michèle Vauthier, *Du laid comme signe dans l'architecture ecclésiale : du diable de la façade occidentale de Chartres et de quelques autres laideurs au midi*, Presses universitaires de Provence, Aix-en-Provence, 2000, DOI : 10.4000/books.pup.4004.

Le Diable est également bien présent dans les trois vitraux représentant les tentations du Christ durant son séjour dans le désert. Selon Véronique Domagalski, l'une des guides-conférencières de la cathédrale, la figure du Diable évolue de vitrail en vitrail :

> *Lors de la première tentation, le corps est vert avec une tête de cochon. À son derrière, une aile indique qu'il s'agit d'un ange déchu. Il se tient droit, sûr de son fait. Dans la deuxième, l'aile est devenue rouge… les affaires se gâteraient-elles ? Son visage aussi a pris la carnation rouge et la posture est plus « agitée ». Troisième partie, il va battre en retraite, les cornes sont couchées, un peu comme les oreilles de votre chien ou de votre chat lorsqu'il s'énerve…*

Mais le Diable en personne, en chair, en os et en méchanceté, est-Il présent ici ? En 2008, la police découvrit quelques traces récentes de tentatives de culte satanique aux abords de l'édifice, des excavations, des pentacles : des amateurs de sensations fortes avaient tenté de L'invoquer… Nous en sommes sans nouvelle depuis.

La cathédrale de Chartres

Vous avez lu Péguy et sa *Présentation de la Beauce à Notre-Dame de Chartres*, vous saurez la reconnaître :

« Mais vous apparaissez, reine mystérieuse.
Cette pointe là-bas dans le moutonnement
Des moissons et des bois et dans le flottement
De l'extrême horizon ce n'est point une yeuse… »

Une « yeuse » étant un chêne vert, on ne pouvait pas s'y tromper.

Bourges, la cathédrale du Diable

La cathédrale Saint-Étienne de Bourges offre aux visiteurs quelques-unes des images diaboliques les plus célèbres de l'iconographie chrétienne, même si certaines d'entre elles sont sans doute d'une origine plus récente que le monument.

L'historien Laurent Ridel, dans un blog consacré aux « Images du diable dans les églises : de l'innocence à l'horreur… », décrit l'une des scènes les plus extravagantes visibles au tympan du Jugement dernier de la cathédrale :

> *Le meilleur point d'observation des figures diaboliques est la scène du Jugement dernier. C'est le moment où Jésus revient sur terre et juge le sort des humains, tous ressuscités. Peints ou sculptés, les diables y pullulent. Ils emmènent les damnés en enfer puis, au cœur de la fournaise, les soumettent à de multiples supplices. Dans cette sculpture de la cathédrale de Bourges (XIIIe siècle), notez les visages effrayants sur les ventres, les bas-ventres et les poitrines. Traduction du bas instinct des démons. Les sculpteurs se sont fait plaisir à représenter l'horreur.*

Ce tableau de la conduite des âmes damnées aux enfers est fortement érotisé. L'un des diablotins semble vouloir violer l'un des condamnés avec son appendice caudal. La scène a été restaurée au XIXe siècle, nous ne savons plus vraiment si elle est l'expression des fantasmes d'un compagnon du Moyen Âge ou d'un quasi-contemporain nourri de littérature gothique. Les diables cornus, aux dents pointues, semblent sortis d'un programme de l'Opéra de Paris, un jour de représentation de *Faust*.

Le portail de saint Guillaume présente, en son angle élevé, une image de combat entre le saint et un Diable qui semble avoir deux visages, le second se trouvant à la place de son sexe. Il mord ce pauvre Guillaume dans le cou alors que la scène représente la « tentation » !

Le Diable est également présent sur une série de vitraux présentant la vie tumultueuse de Hermogène le magicien, lors de sa rencontre avec saint Jacques le Majeur. Hermogène doit régulièrement rejeter le Diable, collé à ses basques[1]. Ce ne sont que quelques images parmi des centaines d'autres : Saint-Étienne de Bourges est l'une des cathédrales françaises où le Diable semble partout à son aise.

Pourtant, c'est dans l'église voisine de Saint-Pierre que se déroula un incident qui fit frémir le clergé local. En 2017, selon le quotidien *La Croix* :

> *Le rappeur berruyer Vin2S se serait filmé dans l'église sans autorisation et aurait [...] « proféré plusieurs injures et fait référence au spiritisme et au satanisme ». Il n'y a aucun dégât matériel, mais il se serait aussi assis sur l'autel consacré qui « contient des reliques de saints ».*

Cathédrale Saint-Étienne de Bourges

Place Étienne-Dolet, 18000 Bourges.

On notera que l'adresse postale de la cathédrale fait allusion à Étienne Dolet, martyr de la philosophie et de la diffusion de la connaissance, imprimeur étranglé et brûlé place Maubert à Paris, en 1546.

Église Saint-Pierre de Bourges

9, rue des Trois-Bourses, 18000 Bourges.

1. La rencontre entre le saint et Hermogène est également l'objet d'un célèbre tableau de l'atelier de Jérôme Bosch, conservé au musée de Valenciennes. Le Diable tentant de retenir Hermogène paraît tout de rouge vêtu, et menaçant.

Indre-et-Loire

Tours en lutte contre les invocateurs d'esprits malins

La guerre contre les sorciers fut déclarée dans la banlieue de Tours.

Le 9 octobre 1490, le roi Charles VIII rédige et signe une ordonnance :

> *Nous Charles, par la grâce de Dieu, Roy de France, au Préfet de Paris, salut. Nous voulons et entendons que tous les enchanteurs, devins, invocateurs des esprits malins et nécromanciens soient incessamment arrêtés et punis selon la rigueur des lois, parce que tous leurs crimes attaquent directement Dieu et la foi catholique.* Il précise : *Pour ce qui est des religieux, nous voulons que vous les arrêtiez et les remettiez à leurs évêques diocésains, afin qu'ils soient aussi punis, parce que les lois le commandent aussi bien que la raison. Nous ordonnons enfin que toutes les personnes, de quelque état ou condition qu'elles soient, et sans aucune exception, qui consulteront ces enchanteurs, devins, invocateurs des esprits malins, nécromanciens ou autres usant d'arts pernicieux et défendus par l'Église, ou qui fréquenteront ou participeront à ces actes détestables, les reconnaissent pour tels, et, s'ils ne les révèlent pas aux officiers de police, ils seront punis de la même peine que ces malfaisants.*

La signature de l'ordonnance indique le lieu de sa rédaction :

Fait à Montils-lez-Tours le neuf octobre de l'an du Seigneur mil quatre cent quatre-vingt-dix et le neuvième de notre règne. Charles

Le château de Plessis-lès-Tours

Il occupe l'emplacement de Montils et se trouve dans l'agglomération tourangelle. Il abrite aujourd'hui les activités d'une compagnie théâtrale.

Le Berry

Pour le sabbat, rendez-vous au carroi…

Le carroi de Marlou

Des bords de Loire au Berry, les procès pour sorcellerie n'ont pas manqué durant les années terribles de la persécution menée par l'Inquisition. À chaque région sa spécificité. Ici, les adorateurs du Diable le retrouvent au carroi… C'est un terme local pour désigner un carrefour, une place, ce genre de lieux isolés qu'apprécient les sorciers et le Diable pour y tenir leur sabbat.

En 1583, sous le règne d'Henri III, éclate l'affaire du « carroi de Marlou », le nom d'un lieu-dit du village de Bué, aujourd'hui rattaché à la commune de Sens-Beaujeu dans le Val de Loire. Longtemps ignorée, cette affaire a été exhumée des archives par deux historiens, Nicole Jacques-Chaquin et Maxime Préaud, qui ont analysé les minutes d'un procès qui concerna plusieurs centaines d'habitants de Bué et des villages voisins[1]. À la fin de l'année 1582, un garçon de 12 ans, nommé Bernard Girault, accuse son cousin

1. Nicole Jacques-Chaquin, Maxime Préaud, *Les Sorciers du carroi de Marlou : un procès de sorcellerie en Berry, 1582-1583*, Éd. Jérôme Millon, Grenoble, 1998.

Étienne Girault de l'avoir ensorcelé avec la complicité d'un sorcier nommé Jehan Tabourdet, sergent seigneurial de son état. Le jeune garçon affirme que le sorcier lui aurait envoyé une « petite bête noire » qui l'aurait entraîné sur les lieux du sabbat, dans ce sinistre carrefour du « mauvais loup », où il aurait rencontré des habitants du voisinage dont il donne obligeamment la liste aux enquêteurs.

Le seigneur de Beaujeu, Jean du Mesnil-Simon, a demandé en effet au bailli Pierre Ragun de se livrer à une enquête, au cours de laquelle Bernard Girault présente tous les signes de la possession démoniaque – que nous assimilerions aujourd'hui aux symptômes d'une maladie mentale. Sa description du sabbat apparaît comme le résumé de tous les récits plus ou moins crédibles qu'en firent – souvent après avoir été torturés – des centaines de sorciers et de sorcières. Le Diable y assiste en personne sous l'aspect d'un cheval noir, dont les participants doivent baiser le fondement. Doué de parole, l'animal leur demande de renoncer à Dieu, décrit comme un « fils de putain » puis donne le signal du début des festivités. Les participants se mettent à boire, à manger des fricassées de châtaignes, à danser, puis à s'accoupler les uns après les autres avec une pauvre vieille femme, Guillemette Piron, à qui le récit délirant du jeune garçon allait coûter la vie.

Cette histoire serait simplement grotesque si elle n'avait pas conduit à la mort six personnes : Marin Semellé, Étienne Girault, Joachim Girault, Jean Tabourdet et Jean Cahouet, qui furent exécutés, pendus puis brûlés. Une dernière accusée, Guillemette Piron, s'était suicidée dans sa prison après avoir été torturée. La justice, qui ne supportait pas pareil affront, fit traîner son corps jusqu'au bûcher pour qu'elle brûle aussi.

Les lieux du sabbat, Sens-Beaujeu

Ce petit village d'environ 500 habitants passe donc pour être l'une des capitales françaises de la sorcellerie. Sens-Beaujeu, dans le canton de Sancerre, se distingue par l'extrême dispersion de ses hameaux et donc de ses habitants. Le carroi de Marlou se situait à l'emplacement actuel du croisement des routes de Menetou, Râtel, Sancerre, Crézancy et Bué. La végétation luxuriante, derrière laquelle les sorciers se dissimulaient, a disparu lors de l'ouverture des routes. Pas de sorcier à l'horizon, et pas davantage de « mauvais loup ».

Le carroi Billeron

Sous le règne de Louis XIII, une autre affaire de sorcellerie se déroula autour d'un carrefour : le carroi – ou carroir – Billeron, entre les communes de Brécy et de Sainte-Solange, dans le Berry. Ce dernier avait été, au xe siècle, le cadre de la triste aventure d'une jeune bergère belle et vertueuse qui fut décapitée par un seigneur du voisinage, Bernard de Gothie, fils du comte de Poitiers, dont elle refusait les avances. Son corps aurait saisi sa tête et l'aurait emportée jusqu'à son lieu de naissance, non loin du voisinage.

En 1616, non loin du théâtre de ce miracle, Jean Chenu, bailli de Brécy, a fait le procès d'un groupe de sorciers présumés, menés par le couple Mainguet et une dénommée Antoinette Brenichon. Ils furent condamnés à mort le 21 mars et exécuté le 30 mai de la même année, au carrefour de Billeron où ils avaient avoué s'être rendus pour le sabbat. Jean Chenu avait obtenu leurs aveux après avoir procédé, sur le corps des accusés, à la recherche de ces prétendues taches insensibles qui marquaient le corps des sorciers. Les principaux accusés disaient avoir rejoint le sabbat en volant en croupe derrière le Diable, L'avoir embrassé sur l'anus, avant de danser, de manger puis de se livrer à une orgie frénétique, présentée comme des « actes inouïs de débauches »...

Au XIXe siècle, le folkloriste Germain Laisnel de La Salle, auteur d'un grand nombre d'ouvrages consacrés à l'histoire du Berry, émet une hypothèse qui mérite d'être retenue. Selon lui, tous ces braves gens auraient été entraînés à participer à des orgies bien réelles par quelques manipulateurs – ancêtres du marquis de Sade, droguant ses maîtresses à la cantharide, ou des modernes prédateurs usant de la « drogue du viol » – qui les plongeait dans des états d'excitation, leur rendant parfaitement admissible d'aller faire l'amour avec le Diable.

Le récit du sabbat du carroi Billeron comportait une variante : le Diable en personne y aurait procédé à une parodie de messe, avant de faire consommer à Ses invités des mets tous uniformément de couleur noire. Les accusés avouèrent également composer des potions maléfiques à base de poudre à canon et de feuilles d'aulne, cueillies la veille de la Saint-Jean et bénies par un prêtre.

Les trois condamnés à mort furent conduits à la potence après avoir fait amende honorable. D'autres accusés du procès eurent la vie momentanément sauve et furent conduits à la Conciergerie de Paris. Un dénommé Guillaume Legeret y fut exécuté, à l'âge de 74 ans.

Les lieux du sabbat

L'histoire des sorciers de Sainte-Solange a fait l'objet d'un spectacle folklorique présenté durant les fêtes locales, lors du pèlerinage à cette pieuse jeune femme qui n'a donné son nom qu'à un seul village français...

D'autres « carrois » de la région avaient la réputation d'être fréquentés par le Diable. Dans son essai *Les Visions de la nuit dans les campagnes*, George Sand décrivait quelques lieux maudits situés à des carrefours. On y croisait des chasses volantes, des meneurs de loups ou des lavandières de la nuit qui passaient pour laver le linge des morts. Au carroir de l'orme Râteau, près de La Châtre, on croise un monsieur, qui « s'y promène la nuit ; il en fait incessamment le tour. On le voit là depuis que le monde est monde. Quel est-il ? Nul ne le sait. Il est vêtu de noir, et il a vingt pieds de haut. C'est un monsieur, car il suit les modes ; on l'a vu au siècle dernier, en habit noir complet, culotte courte, souliers à boucles, l'épée au côté[1] ». Le Diable, probablement.

Le tourisme de la sorcellerie

« Les hallucinations du paysan qui, aussi bien que ses traditions, donnent souvent lieu à des croyances et à des légendes, prouvent que s'il est généralement privé du sens d'une clairvoyante observation, il a la faculté extraordinairement poétique de personnifier l'apparence des choses et

1. George Sand, *Les Visions de la nuit dans les campagnes*, Éd. Hetzel, Paris, 1854.

d'en saisir le côté merveilleux », écrivait George Sand dans ses *Légendes rustiques*.

Cher

Les sorciers du Berry ont longtemps fait trembler la France, cette région s'étant forgé la réputation d'abriter les derniers d'entre eux encore en exercice... Un petit musée de la Sorcellerie de Concressault, dans le Cher, installé dans une ancienne ferme, attira les touristes jusqu'à sa fermeture en 2010.

Des circuits sont organisés « à la découverte de la sorcellerie berrichonne », on vous entraînera par exemple sur les lieux de certains grands procès en sorcellerie de la région. Elle passait pour hantée par un animal mythique, à moins que ce ne soit une fée, personnage connu sous les noms de « bigorne », de « chien blanc », de « bête havette », de « piterne », de « taranne » et, nous y voilà, de « vache au Diable »...

Indre

Dans le département voisin, la commune de Bonnu, au sud de Châteauroux, organise une fête de la sorcellerie avec de nombreuses animations : marché aux produits régionaux, messe et procession, restauration midi et soir, animations de rues, groupes musicaux, théâtre au château, pyrotechnie au château et « sorcière au bûcher ». La classe ! Une épidémie diabolique a malheureusement poussé à l'annulation de la fête au début de l'année 2020.

Partie 5
Corse

« Ne vous signez pas avant de voir le diable. »

Proverbe corse

L'*Infernu* corse

Le Diable Se fait discret en Corse, mais il y a laissé se répandre l'une des malédictions dont il a le secret, le « mauvais œil » dont les *mazzerri*, sorciers ou sorcières corses plutôt bienfaisants, pouvaient heureusement débarrasser les victimes : « Dans mon village, les mythes et la magie font partie de nos légendes depuis toujours », affirmait Marlène Schiappa[1] en 2019. « On y pratique encore parfois des rituels pour enlever le mauvais œil ».

On soupçonnait tout de même les *mazzerri* de pratiques étranges : ils se promèneraient la nuit dans les maquis pour chasser, devinant à l'aspect du premier animal qu'ils tuaient l'identité du prochain mort du village. On raconte encore qu'ils se livraient à des combats sur les sommets des montagnes corses, dans la nuit du 31 juillet au 1er août, pour déterminer quel serait le sorcier dont le village connaîtrait le plus grand nombre de décès durant l'année à venir. Les *mazzerri*, comparés parfois à des chamans corses, ont malheureusement été persécutés durant les chasses aux sorcières du XVIe siècle, même si ces sorciers villageois,

1. Rédaction, « Marlène Schiappa : son goût pour la sorcellerie fait réagir », *La Dépêche du Midi*, Toulouse, 5 octobre 2019.

médecins des corps et des âmes, bénéficièrent toujours de la complicité craintive des villageois alentour.

Pourtant, le Diable a aussi laissé quelques traces spectaculaires de Son passage, dont les hommes, qui ne respectent rien, ont fait aujourd'hui la destination de randonnées ou d'activités touristiques : des rochers, des mégalithes et, bien évidemment, des ponts.

Les ponts corses passaient pour être le lieu de résidence d'entités surnaturelles, au nombre desquelles le Diable et quelques damnés par Ses soins :

> *Sont aussi respectés et craints les esprits des morts qui habitent au bord des torrents et des rivières, près des ponts, lieux qui séparent le monde des vivants de celui des morts, frontières du visible et de l'invisible où deux versants de la réalité se touchent dangereusement (tel le Styx)*[1].

Rien de bien dramatique en apparence, mais restons méfiants : le folkloriste Claude Seignolle affirme qu'en Corse, le Diable Se promène parfois la nuit en prenant la forme d'un grand chien noir.

---

1. Ève-Emmanuelle Schmitt, *Les Guérisseurs traditionnels corses : approche psychanalytique du « don de guérison » et du rituel thérapeutique*, thèse de psychologie à l'université de Strasbourg, Strasbourg, 2019.

Le Diable au sommet

Haute-Corse

En Balagne, dans les montagnes qui dominent le village de Manso, le Diable, comme à son habitude, S'est livré à quelques excentricités. On en retrouve la trace à près de 2 000 mètres d'altitude au Capu Tafunatu. La légende des lieux raconte que le Diable en personne aurait, dans un accès de colère, percé à coup de marteau l'œil du Diable, à moins que ce ne soit le « trou du Diable » ou le « trou du Tafunatu ».

Il s'agit, une fois de plus, d'une histoire de chantier en retard : le Diable, ici comme ailleurs, a été appelé en renfort pour achever la construction d'un pont, en échange de l'âme de Son choix – c'est le tarif. Mais pour Son malheur, Il doit affronter Saint Martin en personne, qui jouait au berger dans les prairies du village. Et comme toujours on se moque de Lui, Son travail nocturne pour construire le pont ne Lui rapporte rien, sinon une humiliation supplémentaire. De rage, Il jette Son marteau contre les montagnes voisines et perce ledit « œil du Diable ».

U ponte di l'infernu, « le pont de l'enfer », est une étape vers le village quasiment abandonné de Fiuminale sur les hauteurs de Moriani, en Costa Verde, dans la plaine orientale. On se baigne dans des eaux fraîches, sous ce pont aux allures bien peu diaboliques. Non loin du village Ghisonaccia se trouve un autre trou du Diable, lieu de baignade enchanteur alimenté par les eaux du ruisseau Varagno, qui se jette un peu plus loin dans le Fium'Orbu. Ces manifestations diaboliques n'ont strictement rien d'inquiétant, en tout cas en été, durant le temps des vacances.

Sur les traces de saint Martin qui combattit le Diable

Le saint célébré à Tours est, en effet, associé à l'histoire corse. Selon les organisateurs d'un projet intitulé Via Sancti Martini : « Il est déjà établi que 110 communes insulaires possèdent un patrimoine martinien… ».

> *En Corse, précise Christian Andreani, président du Centru culturale San Martinu, la légende dit que saint Martin aurait été berger dans les montagnes et aurait transhumé vers le cap Corse sur les crêtes du massif du Pigno, d'où l'on découvre deux mers : la Tyrrhénienne et la Méditerranée. Des calamités agricoles ayant ravagé la Conca d'Oru, la population aurait alors invoqué Saint Martin qui, par un miracle, aurait sauvé la région. Il aurait alors déclaré, perché sur un rocher :* « Serà u mio patrimoniu ! *Ce sera mon patrimoine !». Depuis lors, le village de Patrimoniu honore son saint patron les 10 et 11 novembre*[1].

1. Gaële de La Brosse, « Deux nouveaux chemins en l'honneur de saint Martin », *Le Pèlerin*, Paris, 17 juillet 2017.

L'œil du Diable

Accessible à Capu Tafunatu, depuis le village de Manso.

U ponte di l'infernu

On y accède depuis San-Giovanni-di-Moriani. Une visite du pont, qui domine un lieu de baignade, pourra être complétée par la découverte de Fiuminale, village abandonné, riant en été, dont le décor pourrait devenir tout à fait terrifiant par une nuit d'orage.

Trou du Diable

On y accède depuis Ghisonaccia, dont il est distant d'environ 2 kilomètres. D'autres vasques naturelles permettent de se baigner dans l'eau fraîche à proximité. Aux soirs des 27 et 28 juillet, le soleil couchant darde brièvement ses rayons au travers de cette cavité diabolique.

Corse-du-Sud

La chapelle du Diable

Au cœur du parc régional de Corse, le village Ortu se dresse face aux aiguilles du Monte Sant'Eliseo. On pourra s'y rendre pour de multiples raisons, liées à la beauté des lieux et particulièrement du lac de Creno. Mais méfiance ! Les murs du cimetière du village d'Ortu sont tout ce qui reste d'un lieu maudit : l'une des plus étranges résidences du Diable en France. Selon les habitants du village voisin de Soccia, qui avait entrepris de chasser les démons de leur vallée, la chapelle médiévale San Cervone était ensorcelée.

Avec l'aide d'un berger des collines, on se livra à un exorcisme de l'édifice avant de le détruire :

> *Satan, en représailles, aurait brandi son marteau et creusé le lac, dans lequel il se réfugia. Dans la vallée, on se mit dès lors à raconter que le lac était maudit, et que son fond communiquerait directement avec l'Enfer. Mais les villageois étaient obstinés, et un exorciste fut mandé pour débarrasser le lac de son diabolique habitant. Le berger, également exorciste, se mit alors à l'ouvrage. Il ne se laissa pas perturber par les tentations*[1]...

Alors le lac se vida peu à peu, et le Diable apparut. Le berger invoqua la Vierge et le Christ pour le faire fuir.

Le Diable de pierre de Sartène

Le dolmen de Fontanaccia, sur le plateau de Cauria, avec ses dimensions impressionnantes – 2,60 m de longueur, 1,60 m de largeur et 1,80 m de hauteur – a été érigé au pied de la colline d'U Gregu durant le néolithique. L'écrivain Prosper Mérimée, chargé d'un inventaire des monuments historiques français remarquables, en avait été très impressionné en le découvrant, en 1840. Nos ancêtres affirmaient que la pierre abritait les restes des victimes de Satan ; ce qui lui valut d'être baptisée la forge du Diable. Une visite sur les lieux permettra de découvrir d'autres *stazzone* ou *stantari*, les noms corses des dolmens et des menhirs.

1. Anonyme, « Orto », U Nuvellaghju ? [en ligne], http://www.nuvellaghju.com/la-corse/spelunca-liamone/orto

Partie 6
Grand-Est

« Qui sème la discorde,
travaille pour la grange du diable. »
Proverbe alsacien

Le Grand-Est restera sans doute à jamais considéré comme étant l'assemblage de bric et de broc d'entités régionales n'ayant guère envie de mêler leurs histoires et leurs destins. L'Alsace, la Lorraine et la Champagne-Ardenne sont des territoires dont les imaginaires et le passé légendaire eux-mêmes sont distincts. Seul point commun, et non des moindres : notre compagnon de route, le Diable, ricanant, omniprésent.

L'Alsace démoniaque

Le Diable est partout présent en Alsace

Le musée Unterlinden de Colmar détient une toile de Martin Schongauer, *Le Retable des dominicains*, datant de 1475. Le Diable y apparaît dans la scène présentant Jésus descendant aux enfers. Ce n'est pas un épisode réellement décrit dans les Évangiles, mais apparaissant dans le texte du Credo, Jésus « a souffert sous Ponce Pilate, a été crucifié, est mort et a été enseveli, est descendu aux enfers… ». Aux enfers, le Diable a deux visages, dont l'un sur les fesses, à la manière d'un monstre imaginé par Jérôme Bosch. Il semble vouloir retenir un homme et sa jeune femme à la poitrine menue, que Jésus libère des enfers.

À Barr, dans le Bas-Rhin, Il serait venu en personne détruire le château qui se trouvait alors à l'emplacement de l'actuel hôtel de ville. Cette croyance populaire tentait d'expliquer un évènement autrement plus dramatique et inquiétant : en 1296, un tremblement de terre secoua l'Alsace et détruisit les murailles de l'édifice.

Les ruines du château de Fleckenstein dominent le village de Lembach. Il était célèbre pour un remarquable système de récupération de l'eau de pluie. Un puits descendait jusqu'à la vallée, permettant l'alimentation des habitants du château en cas de siège. Comme toujours, lorsque les hommes se trouvaient devant une prouesse technique inexplicable, ils attribuèrent la construction du puits au Diable en personne.

Selon une légende rapportée par *La Chronique des dominicains de Guebwiller*, en 1476, Barthélémy d'Andlau, le prince-abbé de Murbach, eut, un soir d'hiver, la visite du Diable dans son château du Hugstein. Satan avait pris une autre forme ! On entendit alors un miaulement déchirant, et un chat noir au poil hérissé bondit hors de la pièce. Le lendemain de cette visite, on trouva le prince-abbé mort, le corps lacéré de traces de griffures, le visage reflétant une terreur indicible. Selon le dominicain Séraphin Dietler, qui rapporta cette histoire vers 1700, dans sa *Chronique des dominicains de Guebwiller* :

> *De grand matin, le corps fut transporté à Murbach, sur un chariot attelé de quatre chevaux robustes, qui peinaient tellement qu'ils étaient en sueur, à la stupéfaction de tous les présents. Arrivé à l'église de Murbach, selon la coutume on ouvrit le cercueil, mais le cadavre ne s'y trouvait plus. Que Dieu nous garde d'une mort horrible et imprévue.*

Le Diable, après l'avoir assassiné, S'était emparé du corps et de l'âme du prince-abbé et terrifia la région sous son apparence. Cette légende est sans doute liée à la cruauté du prince Barthélémy d'Andlau.

Le musée Unterlinden de Colmar

Le musée est installé dans un ancien couvent de dominicaines, fondé en 1252.

Place des Unterlinden, 68000 Colmar.

Château de Fleckenstein

Situées dans le cadre des parcs naturels des Vosges du Nord et du Palatinat, les ruines du château conjuguent découverte patrimoniale et activités ludiques pour les enfants.

Lieu-dit Fleckenstein, 67510 Lembach.

Château du Hugstein

Il n'en reste que des ruines magnifiques près du village de Buhl, à quelques kilomètres au nord de Mulhouse.

68500 Buhl.

Strasbourg, capitale diabolique

La cathédrale Notre-Dame de Strasbourg domine la ville de sa flèche unique.

Ce clocher orphelin intrigue, mais participe à l'élégance et à la singularité de l'ensemble. Un journaliste alsacien écrivit :

C'est ce doigt unique, perçant le ciel à 142 mètres de hauteur, qui impressionne. C'est cette flèche isolée qui singularise la cathédrale de

Strasbourg et met en évidence le défi technique et artistique de ce qui fut, du XVe au XIXe, l'édifice le plus haut de la chrétienté[1].

Nous en connaissons l'architecte : Ulrich d'Ensingen, maître d'œuvre de la cathédrale au début du XVe siècle, dont la statue figure dans la tour unique…

Il eut cependant à composer avec un autre habitant des lieux : le Diable en personne. Il apparaît dans le vitrail représentant la tentation du Christ. Il essaie de profiter de la faiblesse de Jésus, seul dans le désert pendant quarante jours. Mais c'est autour de la cathédrale qu'Il Se manifeste avec le plus de violence, et dans les sous-sols de l'édifice qu'Il a caché Ses enfers.

Le Diable souffle un grand vent à décorner un bouc

Le Diable a visité Strasbourg ; rien de bien surprenant, nous savons déjà que c'est un grand voyageur. Mais Il a malheureusement laissé une trace pénible de Son passage.

Un étrange phénomène météorologique anime en permanence le parvis de la cathédrale Notre-Dame. Le Diable survolait la terre à cheval sur un vent froid, quand Il aperçut Son propre visage sur la façade de la cathédrale, dans une composition du portail, où Il est représenté tenant dans la main des serpents et des crapauds. Flatté, Il entra dans

1. Hervé de Chalendar, « Cette flèche unique qui rend la cathédrale si singulière », *L'Alsace*, Mulhouse, 27 juillet 2014.

l'édifice où Il Se trouva définitivement enfermé, tandis que Son fichu vent froid continue à tourner autour de la place et dans les ruelles voisines.

Le vent est indéniablement là.

Mais de nombreuses variantes de l'histoire permettent de s'interroger sur les raisons pour lesquelles le Diable aurait eu l'idée folle de pénétrer dans une enceinte sacrée : curiosité, vanité, rancœur… Il aurait, par exemple, détesté de Se voir représenté en tentateur des vierges folles sur la façade occidentale.

Les statues encadrant le portail illustrent le récit du Jugement dernier dans l'Évangile selon saint Matthieu. Rappelons-nous :

> *Alors le royaume des cieux sera semblable à dix vierges qui, ayant pris leurs lampes, allèrent à la rencontre de l'époux. Cinq d'entre elles étaient folles, et cinq sages. Les folles, en prenant leurs lampes, ne prirent point d'huile avec elles ; mais les sages prirent, avec leurs lampes, de l'huile dans des vases. Comme l'époux tardait, toutes s'assoupirent et s'endormirent. Au milieu de la nuit, on cria : Voici l'époux, allez à sa rencontre ! Alors toutes ces vierges se réveillèrent, et préparèrent leurs lampes. Les folles dirent aux sages : Donnez-nous de votre huile, car nos lampes s'éteignent…*

Les vierges folles ont négligé d'entretenir leur lampe, victimes de la tentation de se la couler douce… Ce Diable poussant à la négligence est figuré sur la façade de la cathédrale de Strasbourg, sous les traits d'un beau jeune homme dissimulant à peine les crapauds, les lézards et les serpents cachés derrière Son dos. Une image qui avait de quoi mettre en colère le Malin, qui déteste la beauté.

Selon une version plus précise, le Diable serait resté enfermé dans la cathédrale, figé dans l'un de ses piliers, mais lequel ?

Bien sûr, il se trouve quelques esprits cartésiens pour affirmer que ce vent, bien réel, serait lié à des phénomènes naturels. Dès 1904, l'ethnologue Paul Sébillot constatait :

Le vent se fait sentir avec plus de violence qu'ailleurs dans les rues étroites qui longent les hautes constructions des églises et surtout des cathédrales souvent bâties sur des lieux élevés ou tout au moins peu abrités[1].

Qu'importe la science, nous préférons la légende.

L'enfer sous nos pieds

Le mystère le plus étonnant de la cathédrale trouve sa source dans les chroniques racontant la construction, par l'évêque Werner, du premier édifice religieux sur le site. Pour en creuser les fondations, il dut « poser dans l'eau et battre des pilots de bois d'aulne ». Cette « eau » allait bientôt donner naissance à la légende du lac souterrain. Ce serait, par exemple, dans ce lac que patienteraient les âmes des enfants avant leur naissance, et leur fameux transfert dans le bec des cigognes qui a fait la renommée des volatiles locaux... Il se trouva pourtant des gens pour croire dur comme fer à la réalité de la présence du lac sous la cathédrale. On raconte qu'une entrée y menant se trouvait dans la cave d'une maison de la rue Mercière. Un groupe de bourgeois voulut vérifier la légende et découvrit en effet une porte, qu'un serrurier réussit à forcer... Ils renoncèrent à poursuivre l'aventure lorsqu'ils se trouvèrent face à un grand trou

1. Paul Sébillot, *Folklore de France*, Éd. Imago, Paris, 1983.

noir, d'où montaient d'étranges murmures. Plus tard, deux jeunes gens plus hardis revinrent sur leurs traces et s'engouffrèrent dans le goulet, s'ouvrant vers les tréfonds de la terre. Ils affirmèrent à qui voulait bien les entendre qu'ils avaient bel et bien découvert un lac souterrain, sur lequel voguait une barque silencieuse entourée de monstres marins… La porte de l'enfer !

Dans une version plus riante de la légende, le lac communiquait avec un puits, aujourd'hui disparu, qui ouvrait près de la place Gutenberg. C'est par ce puits qu'un vieux nain « livrait » les bébés, directement aux jeunes parents ou aux cigognes porteuses.

Pour faire bonne mesure, la cathédrale passe également pour être hantée par une dame blanche. Elle guetterait les derniers visiteurs de la journée, les entraînerait à passer la nuit avec elle dans l'édifice endormi, avant de les mener dans les tours pour que, pris de vertige, ils se précipitent dans le vide…

Méfiance donc.

Chasse aux sorcières alsaciennes

Le « marteau des sorcières », instrument du martyr des sorcières alsaciennes

La ville de Strasbourg échappa à la violence des répressions contre de pauvres femmes accusées de tous les vices.

Pourtant, c'est ici que fut imprimé l'ouvrage qui servit pendant des décennies à les traquer, les accuser des pires crimes, les faire avouer sous la torture, et, pour finir, à les condamner et à les exécuter. Le *Malleus Maleficarum*, ou « marteau des sorcières », a été écrit par deux inquisiteurs : le prieur des dominicains de Sélestat, Heinrich Kramer Institoris, et le Suisse Jacob Sprenger. Il a été imprimé une première fois à Strasbourg en 1487, après l'avoir été à Bâle, puis a été réimprimé une quinzaine de fois et vendu à 30 000 exemplaires dans toute l'Europe.

Il s'agit d'un ouvrage incroyablement misogyne, démontrant que les femmes sont, par nature, les instruments du Diable. On y retrouve de nombreuses idées absurdes qui, mises en pratiques par les inquisiteurs, furent la justification des pires tortures, comme la recherche des « marques du Malin ». La découverte de ces taches de naissances, grains de beauté, voire eczéma (présumés insensibles) suffisait à étayer les accusations de pacte avec le Diable. Pour attester ses élucubrations, Kramer aligne des anecdotes grotesques. Il rapporte qu'à Reichshoffen, une femme provoquait des naissances prématurées, en touchant le ventre d'une autre femme, qui « accoucha des morceaux de la tête puis des mains et des pieds ».

Les deux inquisiteurs, sadiques avérés, donnent des conseils pour pratiquer la torture des prévenues, et le mode d'emploi des « ordalies », ces jugements de Dieu auxquels les sorcières n'avaient aucune chance de survivre. Les suspectes étaient jetées dans l'eau, le corps lesté de poids : si elles survivaient à la noyade, c'est que le Diable les avait assistées, elles étaient donc reconnues coupables et le plus souvent brûlées vives. Et si elles mouraient noyées, elles étaient déclarées innocentes, à titre posthume.

Le *Malleus Maleficarum* fut donc diffusé dans toute l'Europe, et peut être considéré comme l'ancêtre des collections de livres de poche. Les inquisiteurs devant l'avoir en permanence sur eux pour s'y référer lors de leurs enquêtes, il fallait qu'il soit d'un format pratique.

Rouffach, ville des complices du Diable

Entre 1440 et 1660, près de 5 000 personnes ont été exécutées en Alsace, principalement des femmes. Nous connaissons le sort de quinze sorcières exécutées entre 1585 et 1627 dans la seule ville de Rouffach. Selon l'historien, professeur d'histoire moderne à l'université de Strasbourg, Antoine Follain :

> *La motivation principale est la peur de tout, de ce qu'on ne comprend pas : la maladie des hommes et des bêtes, les malheurs, incendie, grêle, ruine. Pour tout ce qu'on ne sait pas expliquer et qu'on attribue à un mauvais sort, on cherche une responsable.* Il ajoute : *[...] comme il n'y a jamais rien de prouvable on utilise la torture pour avoir des aveux. On finit toujours par en avoir, donc on valide les plus bêtes des accusations qui ont été portées*[1].

Aujourd'hui, à Rouffach, des milliers de personnes se rassemblent chaque année à la mi-juillet pour la Fête de

1. Antoine Follain, Maryse Simon, *Sorcellerie savante et mentalités populaires*, Presses universitaires de Strasbourg, Strasbourg, 2013.

la sorcière et consommer de la choucroute, des saucisses et de la bière.

Fête de la sorcière

Association Fête de la sorcière Rouffach,

15, rue Pairis, 68250 Rouffach.

Téléphone : 03 89 72 94 18.

Les sabbats d'Alsace

Lors d'une exposition organisée par les ateliers de la Seigneurie, un centre d'interprétation du patrimoine de la ville d'Andlau, dans le Bas-Rhin, un panneau faisait la liste « des lieux les plus célèbres » de la région où se déroulaient les sabbats :

- *Le Bastberg, près de Bouxwiller ;*
- *le Schneeberg, dans le secteur de Wasselonne ;*
- *le Bischenberg, non loin d'Obernai le Bickelstein, à côté d'Oberbronn ;*
- *le Buchelberg, du côté de Saverne ;*
- *la Hexenschule, au-dessus de Saint-Jean-lès-Saverne ;*
- *le col de la Perheux, le Waldenstein et le Katzenberg, dans la vallée de la Bruche ;*
- *les prairies située au bord de l'Ill, vers Sélestat ;*
- *la fontaine des Kersels, entre Neubois et La Vancelle ;*
- *le Chalmont, qui s'appelle également Charlemont ou encore Chânemont, au-dessus de La Vancelle ;*
- *le Rocher du Violon, à Musloch le grand Rocher du Brézouard ;*
- *le Letzenberg, près de Turckheim ;*
- *le Wurzelstein le Sattel et le Stemlisberg, dans la vallée de Munster ;*

– le Hexengarten, dans les alentours du Grand Ballon ;
– le Bollenberg, qui domine le Hexenwald, aux environs de Mulhouse ;
– le Hexenstein, près de Rimbach, derrière Soultz…

Nous y apprenions également que :

Le Diable [alsacien] siège au milieu de la fête sur un trône incandescent et à ses côtés se trouve la reine du Sabbat qui est la plus puissante des sorcières. Durant ces réunions, il apparaît sous sa forme réelle, il ne se cache pas derrière un corps humain. Selon les récits des sorcières, il aurait le visage rouge, la peau velue, des cornes ainsi qu'une barbe de bouc.

La comtesse Itta de Lutzelbourg au rond des Sorcières

Le lieu le plus étrange de la région se trouve non loin du mont Saint-Michel et de Saverne, sur la frontière séparant l'Alsace de la Lorraine. Le personnage qui défraie la chronique diabolique vivait au château de Lutzelbourg, situé sur la commune d'Ottrott. La comtesse Itta, épouse de Pierre de Lutzelbourg, qui vivait aux alentours de 1100, était une magicienne capable de créer tempêtes et orages diluviens. On disait également qu'elle était la reine des sorcières qui, réunies autour d'elle, s'envolaient vers la montagne de Bouxwiller, où se déroulait leur sabbat. Un bassin naturel creusé dans la roche, le Hexenkreis ou « rond des Sorcières », d'environ 4,50 m de diamètre, passe pour avoir abrité les cours de sorcellerie qu'elle donnait aux sorcières novices. La raison d'être du monument, des marches menant au centre du rond ou d'une entaille dans la roche permettant d'y ficher un poteau ou une pierre, reste mystérieuse.

Le rond des Sorcières

Il se trouve sur le territoire de la commune de Saint-Jean-Saverne. À proximité se trouvent la chapelle Saint-Michel et la grotte des Fées – ou des Sorcières, ou Hexenhöle. C'est un haut lieu de l'histoire légendaire d'Alsace et de la Lorraine toute proche.

Le Diable passant par la Lorraine

En Lorraine, écrit le médecin Alexandre Lacassagne, *dans l'espace de quinze ans, au* XVI*e siècle, près de cent hommes sont condamnés à mort comme sorciers. Le conseiller d'État du duc de Lorraine, Nicolas Remigines, s'en vante comme d'actions louables et utiles à la société, dans son* Traité sur la démonolatrie. *Le Père Spée, jésuite, les accompagnait au supplice : « Je jure sur la foi du serment, dit-il, que de toutes les personnes que j'ai été chargé de disposer à la mort, pas une ne m'a paru coupable des crimes qu'on lui imputait »*[1].

Nous voilà éclairés : le Diable n'était pour rien dans les affaires de sorcellerie de la région, c'est un jésuite qui l'affirme.

Pourtant, Il a évidemment laissé quelques traces de Son passage, profitant des forêts profondes pour Se dissimuler. On pourra même voir Son visage, sculpté dans une roche de grès, justement nommée la roche du Diable, non loin de la commune d'Abreschviller. La légende affirme que durant la guerre de Trente Ans (1618-1648), des religieuses installées non loin d'ici s'enfuirent après avoir dissimulé un trésor, dont le Diable Se trouve bien involontairement le protecteur.

1. Alexandre Lacassagne, *Précis de médecine légale*, Éd. Masson, Paris, 1906.

Abreschviller

La roche du Diable, non loin d'Abreschviller, permet de découvrir le visage du Diable sculpté au pied d'une dalle de grès.

Meuse

À la sortie de la commune de Milly-sur-Bradon dans la Meuse, se trouve un menhir nommé la hotte du Diable, dont on ignore la fonction, mais qui suscita bien des hypothèses et des légendes. Selon l'une d'entre elles, vers 630, un religieux venu prendre des nouvelles du moine Vandregisilius (dont l'oratoire se trouvait dans la région) se perdit en forêt et se trouva au cœur d'un sabbat, entouré de diables ricanant et de femmes nues en pâmoison. Il brandit alors sa croix pectorale, ce qui mit diables et sorcières en fuite, à l'exception d'un dernier sorcier qui, ne pouvant fuir, fut transformé en pierre.

Milly-sur-Bradon

Ce village, situé non loin de Dun, était à la frontière entre la Neustrie et l'Austrasie. La hotte du Diable n'est sans doute qu'une des bornes marquant cette limite territoriale.

Vosges

Le lac de Maix, à Vexaincourt dans les Vosges, passe pour avoir été creusé par un Diable violoneux. À cet emplacement se trouvait une clairière où chaque année, le dimanche de la Trinité, les habitants du comté de Salm, du ban de la Roche et des environs du Donon se réunissaient pour assister à la messe dans une chapelle, à la lisière de la forêt. Puis, ils s'installaient sur l'herbe pour déjeuner ; on bavardait, on flirtait un peu entre jeunes gens, on dansait, avant d'assister aux vêpres.

Mais un jour, la fête fut interrompue par une étrange musique, entraînante et vive, comme personne n'en avait encore entendu. Un violoniste virtuose apparut, sortant de la forêt, et bientôt toute la foule se mit à danser, et oublia l'heure de se rendre à la chapelle pour les vêpres... Ce violoniste, c'était évidemment le Diable, qui entraîna la folle farandole dans son enfer quand le sol s'ouvrit sous les pas des danseurs. Ce trou immense a aujourd'hui été envahi par les eaux du lac de Maix.

La roche du Diable, entre Xonrupt et le col de la Schlucht et son belvédère dominent la vallée des Lacs, non loin des trois lacs de Retournemer, de Longemer et de Gérardmer. Ce trou dans la paroi rocheuse est si parfait, comme dessiné par une puissance surnaturelle, qu'il ne pouvait être attribué qu'au Diable. Ce n'est que le résultat de travaux menés sous Napoléon III, mais on raconta tout de même que, durant le percement, les ouvriers mirent au jour une cavité qui ouvrait une porte vers les enfers.

Vexaincourt

Sur les rives du lac de Maix, non loin de Vexaincourt et du col de Prayé, se trouve encore une chapelle où vous pourrez vous repentir si, d'aventure, vous aimez trop la musique.

Xonrupt-Longemer

Les randonneurs expérimentés peuvent accéder à la roche du Diable depuis Gérardmer. Les autres emprunteront la D417 depuis Xonrupt-Longemer.

Le Diable des églises lorraines

La cathédrale Saint-Étienne de Metz n'aurait pas pu être construite sans l'aide du Diable. L'architecte Pierre Perrat, né en 1340, a conçu également les cathédrales de Toul et de Verdun : pareil talent passait pour surnaturel auprès de ses contemporains, qui trouvaient ses œuvres bien trop extraordinaires pour n'être l'œuvre que d'un seul homme. On raconta alors que le Diable était venu à son secours, lui donnant des idées pour venir à bout de la construction de la voûte de l'édifice… en échange de son âme, évidemment. L'architecte promit donc que son âme reviendrait au Diable après sa mort, quand son corps serait mis en terre. Mais bien vite, il regretta ce marché malheureux et raconta l'affaire aux chanoines de la cathédrale qui eurent une idée… À sa mort, le corps de Pierre Parrat ne fut pas inhumé, mais scellé dans l'un des piliers de la cathédrale. Mais lequel ? Le Diable le cherche encore. Aussi, selon

Christian Comte, guide à l'Œuvre de la cathédrale de Metz et cité par France Bleu :

> *Les visiteurs sont souvent surpris par un courant d'air qui tourne autour de ce grand bâtiment. On dit que c'est le diable qui continue de tourner autour de la cathédrale, en espérant récupérer quelque chose de Pierre Perrat.*

La basilique d'Avioth conserve également des traces de Son agacement.

Le Diable lorrain est un homme à tête de bouc, le Warabouc, qui présidait les sabbats dans les forêts de Verneuil-Grand, dans le nord de la Meuse. Il fut victime de Ses pulsions libidineuses lorsqu'une jeune fille d'une grande beauté réussit à L'attirer jusqu'à la basilique, où Il disparut dans les flammes. Une statue en calcaire polychrome du XVe siècle, représentant sainte Marguerite d'Antioche domptant un dragon, a été adoptée par les habitants de la région, qui préfèrent y voir la courageuse jeune fille.

Sorcières de Champagne-Ardenne

Haute-Marne

En octobre, les sorcières se retrouvent au fort du Cognelot à Chalindrey, en Haute-Marne, pour leur fête annuelle. Une fête bien sage, pour distraire les petites filles. On vient pour y assouvir sa gourmandise et participer aux jeux organisés sur la place. La fête sera l'occasion de découvrir ces imposantes fortifications.

Que le Diable semble loin !

Pourtant, la commune fut le cadre de procès retentissants, menés contre des sorciers accusés – sans doute à tort – des pires méfaits, de vols de bétail, mais aussi de viols, de violations de sépultures et d'assassinats d'enfants pour utiliser leur chair dans le cadre de rituels sataniques. Durant le règne de Louis XIII, un dénommé Clément Rabiet fut condamné au bûcher et exécuté au lieu-dit Les Fourches à Chalindrey. Un de ses complices eut plus de chance, il échappa aux flammes mais fut étranglé.

La Fête des sorcières

Communauté de communes des Savoir-Faire

16, rue de la Libération, 52600 Chalindrey.

Ardennes

Les sorciers et les sorcières, adorateurs du Diable, se réunissaient dans les lieux les plus étranges, dans les Ardennes. À Écordal, un phénomène géologique est sans doute à l'origine de l'apparition d'une figure étrange dans un champ : un cercle d'herbe restant toujours verte, en toutes saisons. Les habitants des lieux eurent tôt fait de le baptiser le cercle du Sabbat.

Le village de La Moncelle passait pour accueillir le sabbat, au lieu-dit Rond-des-Sorciers, près de la maison-château de la Ramorie. Près du village de Alland'Huy-et-Sausseuil, dans les Ardennes, se trouvait le lieu-dit Le Champ-Frappin, où, bizarrement, le sabbat se tenait près de la croix du curé. Près de Gespunsart, le sabbat se tenait près d'un carrefour de six voies : le pâquis des Poules. Il y avait deux types de sabbat, le petit pour les sorciers ardennais, et le grand où se retrouvaient des sorciers de tous les pays du voisinage. Quand le Diable conduisait le bal, il avait le sens de la hiérarchie !

Partie 7
Hauts-de-France

« Le médisant est la trompette du diable. »
Proverbe

Ce plat pays, où il est bien difficile de se dissimuler, ne devrait guère inspirer le Diable, qui aime les chaos de rochers et les forêts profondes pour y commettre ses méfaits. Pourtant, la région est le théâtre de certaines des manifestations les plus spectaculaires de Sa présence. Les brigittines de Lille, petites religieuses trop exaltées, furent les héroïnes d'une terrible affaire de possession diabolique, tandis que la vauderie d'Arras, dans le Pas-de-Calais, vit l'Inquisition mener une répression terrible dont furent victimes une dizaine d'innocents.

Les enfers du Nord

Lille, le Diable au couvent

Le Diable et ses diablotins sont bien présents au palais des Beaux-Arts de Lille, qui possède *La Chute des damnés,* une toile de Dieric Bouts, où des monstres cornus torturent des hommes et des femmes nus aux visages exprimant une indicible terreur. Bouts illustre une vision de l'enfer qui commence à apparaître dans les écrits des pères de l'Église, et ça fout la trouille.

Mais il ne s'agit là que d'une œuvre d'art!

Les brigittines

Au début du XVIIe siècle, le Diable Se manifesta d'une manière autrement plus dramatique dans l'enceinte apparemment préservée du couvent des brigittines. En 1608, des jeunes religieuses affirment entendre chaque nuit des clameurs, des hurlements, des voix plaintives qui les empêchent de trouver le sommeil. Puis, elles sont en proie à des apparitions terrifiantes: selon elles, une religieuse sans tête et des géants armés déambulent dans le couvent.

La situation empire de semaine en semaine, des jeunes nonnettes sont prises de convulsions durant les offices, elles se roulent sur le sol en poussant des cris... Le Diable, évidemment. Anne Dubois, la supérieure du couvent, prescrit des jeûnes et des prières, mais rien n'y fait. Durant les fêtes de la Pentecôte 1612, les bonnes sœurs dansent dans l'église, la renversent et la piétinent en poussant des cris inarticulés. Un prêtre exorciste est convoqué pour faire cesser les troubles. En vain.

Déjà, les événements du couvent attirent toutes les curiosités, les folies brigittines deviennent une véritable attraction locale. Jusqu'à ce que la nature de leurs débordements soit attribuée au Diable en personne. Marie de Sains, qui passe pour la plus pieuse des religieuses du couvent, avoue qu'elle est responsable des événements. Après avoir passé un pacte avec Lucifer, elle aurait confectionné des philtres poussant les jeunes religieuses à la luxure et aux folies hystériques...

Interrogée par l'Inquisition, elle avoue bien pire... Elle aurait égorgé des enfants pour manger leur cœur, après les avoir torturés en leur perçant la tempe avec des aiguilles... elle affirme encore qu'elle entraînait les jeunes religieuses à des sabbats, où elles avaient des relations sexuelles avec des sorciers et des sorcières, mais aussi avec des incubes et des succubes. Loin de se contenter de ces peccadilles, Marie affirme qu'elle ne prend véritablement du plaisir qu'en faisant l'amour avec le Diable.

C'est presque trop !

Et c'est sans doute ce que pensèrent aussi les juges ecclésiastiques, mettant en application les conclusions du pape en personne, qui avait été informé de l'affaire. Ils mirent un terme aux événements en ne condamnant Marie de Sains qu'à la prison, où elle mourut, certes, mais en ayant échappé au bûcher.

La rue des Brigittines

Cette ruelle, aux allures médiévales, a été tracée bien plus tard à l'emplacement du couvent. C'est ici que naquit le cinéaste Julien Duvivier, qui adapta la légende du golem, et dont le dernier film s'intitulait *Diaboliquement vôtre*. Il n'y a pas de hasard...

Le Nord

Pour conjurer le Diable à Notre-Dame-de-toutes-les-Peurs

Tout commence par une bonne trouille.

Vers 1717, un fermier qui rentrait chez lui en charrette après avoir beaucoup trop bu fut arrêté brusquement par une créature maléfique. Le Diable en personne ! Et cela se reproduisit presque chaque nuit, obligeant le pauvre homme à faire un long détour pour rentrer chez lui. Était-ce véritablement le Diable ou un rigolo du voisinage qui s'amusait à lui faire peur ? L'histoire n'est pas très claire...

Dans le doute, le fermier préféra placer le carrefour sous la protection de la Vierge Marie. Elle fut baptisée Notre-Dame-de-toutes-les-peurs.

Des pèlerins viennent encore ici pour conjurer leurs peurs de la maladie, de la solitude, de la régression sociale. On invoque également Notre-Dame-de-toutes-les-Peurs pour donner du courage aux enfants trop empruntés.

Notre-Dame-de-toutes-les-Peurs

Elle se trouve à Boeschepe, dans le département du Nord. Il faut sortir du village, emprunter la longue rue des Moulins jusqu'à son croisement avec la rue des Cinq-Chemins-Verts. La petite chapelle ressemble de loin à la guérite d'un garde-barrière.

C'est encore dans le Nord que l'on pouvait rencontrer un dénommé Thomas Looten, jugé pour sorcellerie à Bailleul en 1659. Il prétendait avoir vaincu les effets de la pesanteur grâce à un onguent de couleur verte, dont il enduisait ses aisselles avant de s'envoler vers le sabbat. Il se trouva des juges pour le croire.

Le Malin a également laissé ici quelques traces, comme ce menhir dressé aux alentours de 5000 avant notre ère. Les âmes simples décelaient sur la face orientale du monolithe le profil d'un Diable à figure humaine. À moins qu'il ne s'agisse d'un nain mauvais. Des légendes sont associées à ce bloc de grès : le Diable aurait aidé un paysan à reconstruire sa grange, dévastée par un incendie, et aurait été berné au moment du paiement de son travail. De rage, Il aurait jeté cette pierre dans un champ voisin.

La pierre est associée à l'histoire de Verlaine, dont la cousine Élisa résidait à Lécluse. Le poète passa quelques vacances à ses côtés ; il en était secrètement amoureux, elle repoussa ses avances, mais finança la publication de ses *Poèmes saturniens*. Le Diable n'y est pour rien.

La pierre du Diable

À la sortie du village de Lécluse, le menhir fait partie d'un ensemble de mégalithes dispersés dans la vallée de la Sensée. On y rencontrera également la Pierre qui pousse ou la cuisine des Fées.

L'Aisne

Paul Claudel sur les traces du Diable dans l'Aisne

Le département de l'Aisne a visiblement toujours attiré le Diable, dont il conserve quelques traces spectaculaires des passages. À Coincy, Il serait à l'origine de la création de la hottée du Diable, un chaos de roches de dix-sept hectares, pas moins.

Un architecte, s'étant engagé à finir rapidement les travaux de construction d'une abbaye, fit appel au Diable pour qu'Il l'aide à respecter les termes de sa commande. Le Diable lui promit de construire le bâtiment en une nuit, en échange de son âme. On ne dira jamais assez comme il semblait banal, pour un architecte, de promettre son âme au Diable en ces temps anciens. Le Diable n'acheva pas Sa tâche et laissa sur place le contenu de la hotte avec laquelle Il transportait les pierres.

Les lieux inspirèrent quelques belles pages à Paul Claudel, natif des environs. Dans *L'Annonce faite à Marie* en 1912, il écrit :

Une butte toute couverte de bruyères et de sable blanc. Des pierres monstrueuses, des grès aux formes fantastiques s'en détachent. Ils ressemblent aux bêtes des âges fossiles, à des monuments inexplicables, à des idoles ayant mal poussé leurs têtes et leurs membres.

C'est ici également qu'il situait la rencontre entre son héroïne, Mara, et sa sœur Violaine dans sa pièce *La Jeune Fille Violaine* en 1892.

La hottée du Diable

On la rencontre route de Fère, à Coincy.

Le Pas-de-Calais et la vauderie d'Arras

Vers 1460, la ville d'Arras et ses environs sont le théâtre d'une terrifiante chasse aux sorcières, dans le contexte particulier d'une guerre opposant les territoires bourguignons, placés sous l'autorité de Philippe III de Bourgogne, et le royaume de France.

Le terme « vauderie » renvoie à Pierre Valdo, sorte de saint François d'Assise lyonnais, dont le désir de revenir aux principes de l'Église originelle avait été considéré comme une hérésie, puis, par glissements de sens successifs, associé à des pratiques diaboliques.

L'affaire de la « vauderie », donc, commence à l'automne 1459, quand le dominicain Pierre le Broussard, à la tête du tribunal d'Inquisition d'Arras, vient recueillir, sous la torture, les aveux d'un ermite natif de Hébuterne. Soupçonné d'être « vaudois », il vient de livrer le nom de deux complices : Denisette Grenier, une prostituée résidant à Douai, et Jean Laville – ou Tannoye – un peintre et poète sexagénaire, surnommé « l'Abbé de peu de sens ». Ce libertin avant l'heure passe pour avoir organisé une abbaye de jeunesse propice aux orgies auxquelles participaient de jeunes prostituées et des notables de la ville, qui se retrouvent bientôt accusés, eux aussi, d'avoir pactisé avec le Diable.

Car, selon l'historien Franck Mercier : « L'offensive de l'Inquisition contre les étuves de la ville coïncide avec un resserrement progressif des contraintes et de la suspicion autour des prostituées[1]. » La lutte contre le Diable passe par une éradication des lieux de prostitution.

Sous la torture, les accusés avouent les pires fadaises rapportées dans le livre *Blanche de Saint-Simon ou France et Bourgogne* d'Antony Thouret :

> *Lorsqu'on veut se rendre à la Vauderie, on frotte un bâton avec un onguent composé avec les cendres d'un crapaud à qui l'on a fait manger une hostie consacrée, et avec de la poussière d'os humain détrempés dans le sang d'un petit enfant. Puis l'on monte à califourchon sur ce bâton, et l'on est aussitôt transporté par les airs au lieu où s'assemblent les Vaudois. Là se trouve le diable sous forme d'un singe, d'un bouc ou d'un chien, quelquefois d'un homme. Les Vaudois lui font hommage et l'adorent avec les cérémonies les plus vilaines et les plus sales qu'on peut imaginer.*

On reconnaîtra là l'expression des fantasmes des inquisiteurs. Les accusations se font plus précises à l'égard de Jean Laville :

> *À son commandement, ils foulent aux pieds le crucifix et crachent dessus ; ils bravent le ciel en faisant des postures indécentes et déhontées ; c'est l'abbé de peu de sens, qui est maître de cérémonie dans cette*

1. Franck Mercier, *La Vauderie d'Arras : une chasse aux sorcières à l'automne du Moyen Âge*, Presses universitaires de Rennes, Rennes, 2006.

assemblée, et enseigne les nouveaux venus. Des tables sont servies, les Vaudois boivent et mangent ; enfin, ils éteignent les chandelles et se livrent à mille abominations entre eux et avec le diable, qui se fait tantôt homme, tantôt femme !

Cette affaire a tout d'une farce, mais une farce tragique, car douze personnes – dont huit femmes – ont été brûlées vives, des prostituées, des artistes, des artisans, des bourgeois. Leur supplice eut lieu les 9 et 10 mai, 7 juillet et 22 octobre 1460, dans la cour du palais épiscopal.

Trente ans plus tard – trente ans trop tard pour les accusés – le 20 mai 1491, un arrêt déclare que l'ensemble des procès de l'Inquisition d'Arras ont été « abusifs, nuls, faits faussement et autrement que à poinct ». Les acteurs de la répression sont condamnés à des amendes, l'honneur des suppliciés est rétabli… Mais les pièces du procès sont détruites, ce que regrettent encore aujourd'hui les historiens.

Les lieux vaudois

Les sabbats se tenaient dans le bois de Mofflaines, dans le bois de Maugart et à Hautes-Fontaines-lez-Arras.

La cour du palais épiscopal, détruit par un incendie en 1836, est aujourd'hui englobée dans les bâtiments de la préfecture.

Partie 8
Île-de-France

« Le diable prend ce qu'on ôte à Dieu. »
Proverbe

La capitale attire tous ceux qui peinent à vivre leurs différences dans leurs terres natales, bonnes ou mauvaises aussi : « On évalue à plus de dix mille le nombre des adorateurs du diable à Paris. Il y a des temples partout, et c'est le secret de Polichinelle. Il y a un temple le long du jardin des Plantes, il y en a un autre à côté de la gare Montparnasse », affirmait en 1934 l'écrivain Maurice Magre[1]. Nous irons évidemment leur rendre visite.

1. Cité par Bertrand Matot, *Paris occulte*, Éd. Parigramme, Paris, 2018, page 13.

Paris, capitale diabolique

Nous allons commencer par une visite de la capitale, en essayant de déceler quelques traces du passage du Diable.

1er arrondissement

Saint-Germain-l'Auxerrois

Vers 1650, des diablotins interpellent des fidèles en prière dans l'église Saint-Germain-l'Auxerrois. Ils leur ordonnent d'une voix grinçante de faire dire des messes pour le repos de l'âme de leurs chers défunts. Sinon : l'enfer ! Une rapide enquête démontre que ces diables ne sont autres que les bedeaux de l'église qui garantissent ainsi leur salaire, les messes étant pour eux une source importante de bénéfices divers : quête durant l'office, paiement des prestations annexes, remplissage éventuel des troncs…

Le Diable étrangle Gabrielle d'Estrées

L'ancien hôtel de Sourdis, 21, rue de l'Arbre-Sec, appartenait à la famille Babou de la Bourdaisière, passant pour être « la race la plus fertile en dames galantes qu'ait jamais été en France » – l'une des filles de la famille fut même la maîtresse du pape Clément VII !

Mais c'est la mort étrange de la plus illustre d'entre elles, Gabrielle d'Estrées, qui a de quoi nous intriguer. Elle avait été présentée en 1586 à la cour des Valois, lorsqu'elle était « blonde avec des yeux bleus, des cils noirs et des dents de souris ». En 1590, la tante de Gabrielle, Claude de Beauvilliers, maîtresse d'Henri IV et abbesse de Montmartre, présenta sa nièce au nouveau roi, qui la trouva très à son goût. Elle devint sa maîtresse officielle, et lui donna trois enfants. En avril 1599, enceinte une fois de plus de ses œuvres, elle rentra à Paris pour s'installer chez une autre de ses tantes, Isabeau de Sourdis. Prise de malaise, elle accoucha d'un enfant mort-né avant de mourir d'une hémorragie la veille de Pâques. Les conditions de ce décès sont bien suspectes. Gabrielle mourut brutalement après avoir bu de la citronnade, et aussitôt son corps devint noir…

Gabrielle devait épouser le roi, ce que personne dans son entourage ne souhaitait vraiment. De là à songer à un meurtre… Les soupçons se portèrent ainsi sur le banquier Sébastien Zamet, l'hôte de la favorite. Aussitôt, la rumeur enfla dans Paris… elle affirmait que Gabrielle avait été étranglée par le Diable en personne.

Les lieux du crime diabolique

La rue semble bien paisible : sur cette portion, elle permet d'apercevoir le chevet de l'église Saint-Germain-l'Auxerrois. Rappelons-nous pourtant que l'une des étymologies possibles de son nom serait une référence au gibet, comparé à un « arbre sec ». Quant à Gabrielle, elle s'expose nue sur les cimaises du musée du Louvre, en compagnie de sa sœur, sur une toile de l'École française datée de 1594.

21, rue de l'Arbre-Sec, 75001 Paris.

2e arrondissement

Les messes noires de la Voisin, rue Beauregard

Michel Simon vécut rue Beauregard. Pourtant, ce n'était pas, et de loin, le personnage le plus sulfureux qu'on aurait pu rencontrer dans cette ruelle, située non loin de la rue Saint-Denis et du faubourg. La Voisin, la terrible empoisonneuse qui réussit à entraîner toutes les grandes dames de la cour de Versailles dans ses folies, y possédait un petit hôtel particulier aujourd'hui disparu. Elle n'avoua jamais l'organisation de messes noires impliquant Mme de Montespan, la maîtresse du roi Louis XIV. Mais sa fille en raconta l'organisation en détail, après avoir été affreusement torturée. La Voisin, après avoir obscurci la pièce avec des tentures aux fenêtres, étalait un matelas sur le sol, à peine éclairé par deux chandeliers. Son complice, l'abbé Guibourg, procédait alors à la cérémonie. Mme de Montespan s'allongeait nue sur le matelas, pour qu'on fasse couler sur son ventre le sang d'un nouveau-né. Le journaliste Jules Bois raconta la cérémonie en termes imagés :

> *La tête « languissante » se penche, miniature du Divin Mis en croix ; de la blessure tombe à flots le sang dans le calice et sur l'autel qui houle. La femme détend ses bras, qui s'écartent du corps, symbolisant le supplice surhumain de Jésus, eux qui forment avec le tronc pantelant une croix de luxure, où luisent, par chaque poing, les clous colossaux de deux candélabres allumés !... Puis le frêle cadavre enfantin vidé, tordu comme une éponge de chair, la Des Œillets le reprend, en arrache les entrailles qui doivent servir à d'autres enchantements*[1].

Car la cérémonie a pour but de recueillir les ingrédients d'un philtre d'amour lui permettant de reconquérir les faveurs du roi, alors tombé sous le charme de Mlle de Fontanges. La Voisin fut brûlée vive en place de Grève le 22 février 1680. Mme de Sévigné assista à son passage en route vers le bûcher. Dans sa lettre du 23 février, elle écrit : « Elle parut dans le tombereau, habillée de blanc : c'était une sorte d'habit pour être brûlée ; elle était fort rouge, et l'on voyait qu'elle repoussait le confesseur et le crucifix avec violence. » Elle ajoute : « Ces cendres sont en l'air maintenant. »

Quant à la Montespan, tombée en disgrâce, elle fut chassée de Versailles.

---

1. Jules Bois, *Le Satanisme et la Magie*, Éd. Léon Chailley, Paris, 1895.

Rue Beauregard

La Voisin habitait au numéro 23 de la rue, tandis que les Sanson, la famille de bourreaux, y avait non loin de là une résidence secondaire où ils entreposaient leurs petits instruments.

23, rue Beauregard, 75002 Paris.

4e arrondissement

La cathédrale Notre-Dame

La cathédrale, mutilée par l'incendie qui en détruisit la toiture, était évidemment le rendez-vous des amateurs d'irrationnel, ses constructeurs en ayant truffé le décor d'éléments suffisamment mystérieux pour se prêter à toutes les interprétations. La cathédrale offre de nombreux sujets de réflexion aux passionnés de curiosités, comme cette statue de Lilith s'interposant entre Adam et Ève sur le portail de la Vierge. Serait-ce le Diable qui prendrait l'apparence de la beauté dénudée ? Selon Victor Hugo, la cathédrale pourrait se lire comme un manuel de science hermétique, où quelques initiés auraient gravé dans la pierre des secrets utiles à la réalisation du Grand Œuvre alchimique.

Le portail du Jugement présente évidemment des images de diablotins, conduisant aux enfers les âmes des damnés. On y retrouve les « vierges folles » et leurs lampes éteintes, symboles de l'absence de foi. Le Diable Lui-même figure au centre de la composition, sous les pieds du Christ.

Une légende attribue à Satan la réalisation des ferronneries des portails latéraux. Au petit matin, le jour de la pose de la porte, le serrurier Biscornet, à qui on avait confié la réalisation de ce chef-d'œuvre, aurait été découvert inanimé dans son atelier, en proie à des visions infernales. Son travail était d'une telle complexité et d'une telle perfection qu'il effraya ses commanditaires. Mais, surtout, le caractère diabolique de la serrure se manifesta le jour de sa pose, quand il fut impossible de la manœuvrer tant qu'elle ne fut pas aspergée d'eau bénite…

Le Diable de Saint-Merri

L'église Saint-Merri, à deux pas du centre Pompidou, présente sur sa façade une étrange statue représentant un petit démon ailé, homme ou femme, connu sous le nom de petit Baphomet. Cette image fut sans doute sculptée tardivement vers 1842. Umberto Eco la cite en 1988 dans son roman *Le Pendule de Foucault*. Son héros parcourt le quartier de Beaubourg :

> *Et puis soudain, cherchant ce que je ne m'attendais pas à trouver, sur l'archivolte du portail, je le vois. Baphomet. Juste où les demi-arcs se rejoignent, tandis qu'au faîte du premier se trouve une colombe du Saint-Esprit dans la gloire de ses rayons de pierre, sur le second, assiégé par des anges orants, lui, le Baphomet, avec ses ailes terribles. À la façade d'une église. Sans pudeur…*

Umberto Eco s'interroge alors : « Pourquoi là ? Parce que nous ne sommes pas très loin du Temple. » Et de la maison de Nicolas Flamel. CQFD.

Église Saint-Merri

À l'angle de la rue Saint-Martin et de la rue de la Verrerie.

76 Rue de la Verrerie, 75004 Paris.

6e arrondissement

Les mystères de Saint-Sulpice

Le roman de Dan Brown *Da Vinci Code*, publié en 2000, a mis en lumière certains aspects étranges de cette église, comme la présence, dans le bras nord du transept, d'une bande de cuivre incrustée dans le pavé. Il s'agit d'un gnomon, sorte de cadran solaire dont un obélisque construit au XVIIIe siècle serait la grande aiguille. Mais, bien avant cela, l'église avait connu une gloire littéraire un peu scandaleuse. Dans *Là-bas*, un étrange roman publié en 1891, consacré à la renaissance du satanisme à la fin du XIXe siècle en France, J.-K. Huysmans présente une belle brochette de bavards, dînant régulièrement dans l'appartement de fonction du sonneur de cloches de Saint-Sulpice, situé, paraît-il, derrière la grande galerie de la façade. Durtal (historien fasciné par Gilles de Rais et « amant d'une femme succube »), des Hermies (médecin) et Carhaix (le sonneur), écoutent ainsi la conférence d'un démonologue, le sieur Gévingey, qui leur apprend le comportement sexuel des êtres démoniaques. Nous apprenons ainsi que « l'existence des succubes et des incubes est attestée par saint Augustin, par saint Thomas, par saint Bonaventure, par Denys le Chartreux, par le pape Innocent VIII, par combien d'autres! »

Pourtant, l'église Saint-Sulpice est aussi associée à l'histoire d'un phénomène ayant retrouvé toute sa vigueur depuis quelques décennies : le culte des anges. Une fresque de Delacroix, *Lutte de Jacob avec l'ange*, dans la chapelle des Anges, en est la cause.

Le Diable en Son église

On ira voir le gnomon, l'Ange, et les dizaines de badauds qui, chaque jour, viennent encore ici – de moins en moins – pour tenter de décrypter les mystères du *Da Vinci Code*. En revanche, la petite chambre où se retrouvaient les héros de *Là-bas* pour bavarder n'est pas accessible.

Église Saint-Sulpice, 2, rue Palatine, 75006 Paris.

Le Diable vauvert

Les abords de la porte Saint-Michel, située jadis à l'emplacement de la vénérable École des mines, étaient particulièrement mal fréquentés. Dans son *Histoire de l'École des mines,* publiée en 1931, Gabriel Chesneau, directeur de l'établissement, en racontait l'étrange passé. Des bandes de voyous agressaient et rançonnaient les voyageurs, puis faisaient mille tapages. Le soir, ils se retrouvaient dans une masure ou un château – comment savoir, c'était il y a si longtemps –, baptisé le château de Vauvert ou de Val vert. Cette mauvaise réputation, d'agitation démoniaque, est à l'origine d'une expression qui désigne encore des endroits éloignés et susceptibles d'être en proie à toutes sortes de diableries : aller au « Diable vauvert ».

Ce Diable, pour peu qu'il soit vraiment venu fréquenter les lieux, fut chassé par les chartreux, de braves moines à qui le roi Saint Louis avait fait don de ce domaine mal famé, à condition qu'ils le rendent enfin fréquentable.

Au Diable vauvert

L'École des mines a été rebaptisée Mines Paris Tech. Pas de Diable à l'horizon.

60, boulevard Saint-Michel, 75272 Paris.

Messes de toutes les couleurs au studio Raspail

La russe Maria de Naglowska, se disant disciple de Raspoutine, s'installa à Paris au début des années 1930. Elle fut, selon son éditeur : « La grande prêtresse d'un culte se caractérisant par la pratique de rituels de magie sexuelle. » On lui doit divers ouvrages traitant de ces pratiques : *Le Rite sacré de l'amour magique*, *La Lumière du sexe* en 1932, et *Le Mystère de la pendaison – Initiation satanique* en 1934… elle créa un ordre satanique nommé la Confrérie de la flèche d'or. Installée à Montparnasse, elle fréquente le bar La Coupole, où se retrouvent les occultistes de l'époque. Elle donne alors des conférences au studio Raspail, 216, boulevard Raspail, qui parfois dérapent un peu. Car pour elle : « Satan figure l'élément purificateur du pôle négatif, la colonne noire sur quoi s'appuie l'homme. À la femme, pôle positif, colonne blanche, l'Initiation divine suffit. » Elle croit au pouvoir de « l'énergie du sexe, sublimée, intellectualisée... » Le journaliste Antoine Thibaud, dans un article publié dans *Paris-Soir* en 1932, la décrit alors qu'elle s'apprête à célébrer une cérémonie satanique :

> *Mme de Naglowska, qui est russe et promène autour d'elle un regard continuellement inspiré, attache vraiment foi en sa croyance, fait remarquable en un temps où les sectes pullulent et où la foi et le salut se vendent en série, en dehors des religions établies, absolument comme la charcuterie, la confection ou la petite mécanique...*

Le philosophe Julius Evola, dans un livre intitulé *Métaphysique du sexe*, publié en 1958, la décrit comme :

> *« Une femme satanique ». Elle encourage explicitement ses disciples à imaginer Satan comme une force au sein de l'humanité plutôt que comme un esprit extérieur maléfique et destructeur. Elle a proclamé que « la raison est au service de Satan ».*

Maria de Naglowska laissera surtout une trace dans l'histoire des avant-gardes en ayant donné quelques idées érotiques aux membres du mouvement surréaliste. *Le Lexique succinct de l'érotisme*, publié lors de l'exposition surréaliste de 1959, garde la trace de son influence.

7e arrondissement

Le Diable s'invite au centre théosophique de Paris

On trouva toutes sortes d'adeptes du satanisme parmi les surréalistes.

Ainsi, Ernest de Gengenbach (1903-1979) se définissait en 1949 comme « un surréaliste luciférien, un poète maudit, un pécheur public[1] » en ajoutant, « je sens le fagot, je suis bon à jeter aux oubliettes de la chrétienté ». Il invectivait les religieux : « Séminaristes, maudissez vos mères. Moines, incendiez vos monastères [...]. Novices, transformez vos cellules en garçonnières. L'amour est ici-bas sur terre, Et non dans le ciel des chimères... »

Il portait la soutane, et affirmait être la réincarnation de Dom Robert Jolivet, père abbé du mont Saint-Michel. Le 3 avril 1927, il donna une conférence intitulée « Satan à Paris » dans la salle Adyar du centre théosophique de Paris. Ses propos furent introduits par André Breton, qui affirma « le culte du Démon est moins insane que celui de Dieu ».

Les éditions Textes Théosophiques

Le bâtiment, situé non loin du Champ-de-Mars, abrite encore les activités de la société théosophique, mais aucun Diable à l'horizon.

11 bis, rue Kepler, 75116 Paris.

1. Ernest de Gengenbach, *Espis, un nouveau Lourdes ? Des ténèbres sataniques à l'étoile du matin*, Éd. Marc-Gabriel Malfant, Paris, 2019.

11e arrondissement

Un lieu dédié au Diable chasseur

Il faut le chercher, c'est le propre des lieux secrets. Pour accéder au petit jardin, il faut d'abord parcourir la rue Villehardouin puis la rue Hesse : le jardin est au bout de ces ruelles. Il se présente sous la forme d'un carré parfait, peuplé de roses, blanches ou rouges, jaunes ou roses et parfois grimpantes. Nous sommes à deux pas de la rue de Turenne et du boulevard Beaumarchais, que l'on peut rejoindre par la rue du Grand-Veneur – le grand chasseur des légendes. On raconte en effet qu'Henri IV avait rencontré, en forêt de Fontainebleau, un groupe de fantômes-chasseurs mené par un personnage terrifiant aux yeux brillants. Le Diable, sans doute.

Le square Saint-Gilles-Grand-Veneur-Pauline-Roland

9, rue du Grand Veneur, 75003 Paris.

14e arrondissement

Le Diable des Catacombes

Il y a une autre ville sous la ville. Elle est peuplée d'êtres étranges, parfois maléfiques. Et si ce n'est pas tout à fait vrai, il se trouvera bien quelques escrocs imaginatifs pour le laisser croire. Un dénommé César fut emprisonné au XVIIe siècle pour avoir « montré le Diable » – moyennant finances – à des personnes un peu crédules dans les carrières situées sous l'hôpital Sainte-Anne. Il raconta ses méthodes dans ses aveux[1] :

> *J'entre le premier dans la caverne ; puis je fais des cercles, des fulminations, des invocations, et récite quelques discours composés de mots barbares ; lesquels je n'ai pas plutôt prononcés que le sot curieux et moi entendons remuer de grosses chaînes de fer et gronder de gros mâtins [...]. Je m'avance plus avant en marmonnant quelques effroyables paroles. Étant arrivé à un endroit que je connais, je redouble mes invocations et fais des cris comme si j'étais entré en fureur. Incontinent, six hommes que je fais tenir dans cette caverne, jettent des flammes de poix résine devant, à droite et à gauche de nous. À travers les flammes, je fais voir à mon curieux un grand bouc chargé de grosses chaînes de fer peint en vermillon comme si elles étaient enflammées :* Le Diable !

Pour voir le Diable

Les Catacombes – Place Denfert-Rochereau, 75014 Paris.

1. ETiS, GRiZZ, « Les légendes et histoires des carrières », Paris, août 2001, http://www.zedou-connection.org/histoire/

20e arrondissement

L'impasse Satan

Le Diable a donné son nom à une petite impasse du quartier de Charonne. En 1907, un propriétaire facétieux décida de nommer « impasse Satan » la rue créée sur son terrain dix ans plus tôt, à deux pas du passage Dieu, pour rétablir l'équilibre des forces. Alors même que ce dernier ne portait pas le nom divin, mais plus prosaïquement celui de son propriétaire. On notera qu'une « rue Dieu » se trouve dans le 10e arrondissement, et que l'actuelle rue Bleu se nomma longtemps rue d'Enfer, et qu'elle abrita les adeptes d'un culte satanique…

Impasse Satan

Impasse Satan, 75020 Paris.

Le cimetière du Père-Lachaise

Le cimetière du Père-Lachaise est, par nature, un lieu mystérieux et qui attire les amateurs de sensations fortes, à commencer par le plus abject d'entre eux : le sergent Bertrand, nécrophile. En 1910, la presse fait état du « vol des bijoux Lantelme », des voleurs ayant violé une sépulture pour s'approprier les bijoux d'une jeune fille morte.

Mais on y aurait rencontré aussi un « chat fantôme » de couleur rouge, des adeptes de cérémonies secrètes qui auraient investi les chapelles décorant certaines tombes spectaculaires, sans oublier des pratiquants de fétichisme divers, attirés par les tombes d'Oscar Wilde, de Victor Noir ou de telle ou telle vedette disparue.

La tombe du spirite Allan Kardec est évidemment l'objet d'un pèlerinage constant. Ses adeptes viennent s'y recueillir et méditer sur l'un des aphorismes qui la décorent : « Naître, mourir, renaître encore, et progresser toujours, telle est la loi. »

Quant aux satanistes, ils venaient rendre hommage à un personnage aujourd'hui oublié : la demi-mondaine Berthe de Courrière, qui, de son vivant, s'adonnait à la magie noire. Elle fut le modèle du personnage de Mme Hyacinthe Chantelouve dans le roman de Huysmans, *Là-bas*. Entre autres caractéristiques, elle avait une passion pour les ecclésiastiques… Elle partage sa tombe avec le sculpteur Auguste Clésinger et l'écrivain Remy de Gourmont, en bonne camarade.

Il y eut évidemment des messes noires en ces lieux qui semblent y être prédestinés, et même une « messe rouge », organisée par la télévision. Le jeudi 20 décembre 1979, une équipe de journalistes fait le mur du cimetière pour tourner un reportage sur les témoins de Lucifer. L'écrivain Jean Cau, qui assistait à la scène, déclara : « Et alors, figurez-vous, ce fut extraordinairement beau. Brusquement surgie, je ne sais d'où, une beauté sacrée était au rendez-vous de la malédiction et de la folie, et, doucement, m'étreignait… » L'occultiste Jean-Paul Bourre raconta l'événement dans un ouvrage intitulé *Messe rouge et Romantisme noir*[1], en déplorant que la direction de la télévision ait décidé d'en interdire la diffusion.

Le Père-Lachaise

La manière la plus agréable de le visiter est d'y entrer par le haut, avenue du Père-Lachaise, métro Gambetta, puis de se guider par les allées pavées en pente et les montées d'escaliers bousculées par les petits glissements de terrain.

16, rue du Repos, 75020 Paris.

1. Jean-Paul Bourre, *Messe rouge et Romantisme noir, alchimie du sang et de la mort*, Éd. Camion blanc, « Camion noir » (coll.), Rosières-en-Haye, 2011.

Le Diable en Son Île-de-France

La « région capitale » a évidemment eu la visite fréquente du Diable ou de Ses adorateurs, et dans les lieux les plus étranges…

Seine-et-Marne

Le Diable de Féricy était bien un homme en chair et en os : le père Chippault, dont on menaçait les enfants… « Si tu n'es pas sage, le père Chippault te jettera dans ses fours. » Le brave homme exploitait des fours à chaux immenses et rougeoyants, qui impressionnaient les habitants du village et avaient fini par faire croire aux plus jeunes d'entre-eux qu'il était le Diable en personne.

Yvelines

Adam, abbé de l'abbaye des Vaux-de-Cernay, n'avait pas tout à fait la conscience tranquille, en ces périodes troubles de lutte contre les templiers. Malgré sa fidélité au Roi de fer, Philippe le Bel, le brave religieux sentait bien qu'il y avait quelque chose de terrifiant dans cette répression sanglante contre un ordre religieux. Conséquence de son trouble, il voyait le Diable partout! Il raconta que Satan l'avait harcelé durant une tournée de ses métairies. Le Diable lui serait apparu sous la forme d'un arbre blanc couvert de givre, galopant à ses côtés en répandant une forte odeur de soufre. Plus tard, Il revint à sa rencontre sous la forme d'un chevalier noir... On peut s'interroger sur la santé mentale de cet abbé un peu trop romanesque.

Essonne

La ville de Dourdan connut, pendant quelques années, une période de grands troubles, rapportés par un dénommé Joseph Guyot, historien local:

> *Vers 1740, il courait par la Beauce d'étranges bruits. Dans les marchés, dans les cabarets, on se répétait à l'oreille qu'il y avait à Dourdan des sorciers qui étaient en communication avec le diable et avaient le secret de lui faire donner ou découvrir des trésors*[1].

1. Joseph Guyot, *Chronique d'une ancienne ville royale: Dourdan, capitale du Hurepoix*, Éd. Aubry, Paris, 1869.

Bon nombre d'habitants de la ville s'y laissèrent prendre, confiant leurs économies à ces sorciers, affirmant avoir le soutien du Diable en personne, Mais il apparut bien vite que ces suppôts de Satan n'avaient ni pouvoirs ni morale…

L'abbé Buchère, curé de Sonchamp, reçut quelques doléances de son paroissien, il écrivit à M. Védye, lieutenant général de Dourdan, et l'affaire prit une autre tournure. Les lieutenants généraux ne croient pas aux sorciers. Une enquête fut faite, Lorry servit d'espion, et la cabale fut découverte. Les sorciers de Dourdan n'étaient que des escrocs ou des fous.

Le Diable n'y était donc pour rien.

Hauts-de-Seine

Ainsi, la grande arche de la Défense a beaucoup inspiré les amateurs d'ésotérisme, qui affirmèrent que les sous-sols de ce monument à la forme particulière dissimulaient un culte satanique et pédocriminel. Passons ! Non loin de là, le parc de Saint-Cloud compte une allée du Diable. Les lieux rappellent une légende locale.

Le Diable aurait voulu prendre l'âme d'une jeune servante paresseuse : « Je fais tout ton travail pendant que tu pars t'amuser, mais demain matin tu me donneras la première botte de paille que tu lieras. » Heureusement, prise de remords, elle raconta sa promesse au curé du village qui comprit à temps que la « première botte » qu'elle liait chaque matin, c'était sa propre taille. Oups !

Val-d'Oise

La forêt de Montmorency abrite un pont du Diable. Ce dernier, si on en croit le Journal de François, un site d'informations locales destiné aux habitants de Taverny, est la trace d'un projet engagé dans la forêt :

> *En février 1928, un gigantesque projet immobilier est lancé sous le nom de « cité forestière de Montmorency ». À cette époque, une grande partie de la forêt est la propriété d'une compagnie d'assurances* [qui] *envisage de lotir 415 hectares en quatre tranches sur les communes de Saint-Prix, Saint-Leu, Taverny et Chauvry, soit presque le quart de la surface du massif forestier.*

Le projet n'aboutit pas, il n'en reste qu'un pont conçu autour de 1900, qui devait être englobé par la ville nouvelle. Le « Diable » avait le visage bien réel d'un promoteur immobilier.

Allée et pont du Diable

Dans le parc de Saint-Cloud, 92210 Saint-Cloud.

Le pont du Diable

Forêt de Montmorency, près de l'étang Godard, 95570 Bouffémont.

Le Grand Veneur de Fontainebleau

Pour les deux tiers des Européens au début du XIXe siècle, l'empereur Napoléon Ier était une incarnation du Diable. Mais ce n'est pas la raison de notre visite dans la forêt qui entoure le château, témoin de ses adieux.

Quand le roi rencontre le Diable dans la forêt de Fontainebleau

La forêt de Fontainebleau est l'un des terrains de chasse du Grand Veneur, le Diable en personne. Pierre Matthieu, qui fut proche d'Henri IV, raconta l'événement :

Le Roi, accompagné de quelques seigneurs, étant à la chasse vers la route de Moret et le Rocher aux Nymphes, entendit un grand bruit de plusieurs personnes qui donnaient du cor assez loin et les jappements des chiens et les cris des chasseurs, bien différents de l'ordinaire et éloignés de lui d'une demi-lieue. Et en un instant, tout ce tumulte se fit entendre tout près de lui.

Sa Majesté, surprise et émue, envoya le comte de Soissons et quelques autres pour découvrir ce que c'était. Aussitôt ils entendirent ce bruit près d'eux, sans voir d'où il venait, ni ce que c'était. Et tout à coup, ils aperçurent, dans l'épaisseur de quelques broussailles, un grand Homme Noir fort hideux qui leva la tête et leur dit : M'entendez-vous ? ou Qu'attendez-vous ? Ou Amendez-vous, ce qu'ils ne purent distinguer étant saisis de frayeur. Et tout aussitôt après ce spectacle disparut comme une vapeur.

Ce qui ayant été rapporté au Roi, Sa Majesté s'informa des charbonniers, bergers et bûcherons qui sont ordinairement dans cette forêt, s'ils avaient déjà vu de tels fantômes et entendu de tels bruits. Ils répondirent qu'assez souvent il leur apparaissait un grand homme noir, avec l'équipage d'un chasseur et qu'on appelait le Grand Veneur…

Bon nombre des contemporains du roi furent témoins ou avertis du phénomène, qui se déroula le 8 septembre 1598. L'événement fut comme un présage négatif…

Le Grand Veneur s'est également manifesté auprès du comte de Soissons, Charles de Bourbon, propriétaire de la forteresse de Blandy. Il faisait partie des nobles qui accompagnaient Henri IV lors de son étrange rencontre. Lorsqu'il mourut trois ans après les événements, on raconta que le Grand Veneur en personne était entré dans sa chambre pour recueillir son dernier souffle[1].

On ne quittera pas la forêt de Fontainebleau sans une visite au bilboquet du Diable, un amas rocheux situé dans les gorges d'Apremont.

1. Légende du Grand Veneur actualisée par Fred Vargas, *L'Armée furieuse*, Éd. Flammarion, Paris, 2011.

Un sataniste à Fontainebleau

En mars et avril 1918, l'occultiste Aleister Crowley (1875-1947), dont le ministre de la Justice anglais disait qu'il était « le personnage le plus immonde et le plus pervers de tout le Royaume-Uni », s'installa à Fontainebleau, au 4 bis, rue de Neuville. Ce personnage sulfureux passa sa vie à étudier les rituels maléfiques de toutes les civilisations. Il souhaitait y installer un temple où il réussit à attirer quelques jeunes filles naïves, qui devinrent ses maîtresses. Il fut traité littéralement de « suppôt de Satan » et affirmait lui-même que Hitler n'était tout au plus que l'un de ses imitateurs.

Partie 9
Normandie

« On connaît le diable à ses griffes. »
Proverbe

En Normandie, la peur du Diable est quasiment un genre littéraire.

Même si Guy de Maupassant semble s'en défendre… L'un des personnages de la nouvelle *La Peur* se désole de la victoire du rationalisme :

> *Quand je sors la nuit, comme je voudrais frissonner de cette angoisse qui fait se signer les vieilles femmes le long des murs des cimetières et se sauver les derniers superstitieux devant les vapeurs étranges des marais et les fantasques feux follets ! Comme je voudrais croire à ce quelque chose de vague et de terrifiant qu'on s'imaginait sentir passer dans l'ombre.*

Pourtant, l'écrivain normand a bel et bien rencontré cette angoisse dans sa nouvelle *Le Horla* : il décrit un Diable intérieur, qui n'a besoin ni de cornes ni de fourche pour être terrifiant. Quant au démon qui vient à bout d'une mourante trop lente à trépasser – l'héroïne agonisante de la nouvelle intitulée *Le Diable* –, c'est une blague ! Une blague odieuse organisée par une « gardienne de mourants » qui veut abréger son temps de veille en terrifiant – et tuant – sa cliente[1].

Barbey d'Aurevilly, dans la préface à son recueil de nouvelles, affirme :

> Les Diaboliques *ne sont pas des diableries :* [...] *ce sont des histoires réelles de ce temps de progrès et d'une civilisation si délicieuse et si divine, que, quand on s'avise de les écrire, il semble toujours que ce soit le Diable qui ait dicté !*

Pourtant, dans une analyse de son roman *Une vieille maîtresse*, l'historienne du cinéma Clara Laurent notait :

> *Le démoniaque ne serait dans cette perspective chez l'auteur des* Diaboliques *que la manifestation des contenus irrationnels de la psyché, le symbole de la pulsion, de la libido non domestiquée chez des femmes tout entières habitées par les sombres puissances de l'inconscient*[2].

C'est moins du Diable que des femmes « diaboliques » que les écrivains normands avaient peur.

1. Guy de Maupassant, « Le Diable », *Le Gaulois*, Paris, août 1886.

2. Clara Laurent, *Littérature et sorcellerie : Vellini, sorcière aurevillienne. Une analyse du roman* Une vieille maîtresse, *de Barbey*, Nice, 2013, https://www.claralaurent.fr/littérature/une-vieille-maîtresse-de-barbey-d-aurevilly

Seine-Maritime

Les diables de Rouen

La victime la plus célèbre d'une forme d'Inquisition et de supplice, que subirent des milliers de femmes durant les années de la chasse aux sorcières, est une héroïne nationale, chantée par François Villon…

Et Jehanne, la bonne Lorraine
Qu'Anglais brûlèrent à Rouen ;
Où sont-ils, où, Vierge souveraine ?
Mais où sont les neiges d'antan…

L'associer à cette histoire des interventions diaboliques peut paraître inconvenant, pourtant son acte d'accusation, reproduit sur une pancarte placée sur le bûcher, affirme que Jeanne était :

Menteresse, pernicieuse, abuseresse du peuple, devineresse, superstitieuse, blasphématrice de Dieu, présomptueuse, malcréante de la foi en Jésus-Christ, vanteresse, idolâtre, cruelle, dissolue, invocatrice de diables, apostate, schismatique, hérétique et relapse…

« Invocatrice de diables », autant dire sorcière. Le mercredi 30 mai 1431, vers 9 heures, elle fut mise à mort sur la place du Vieux-Marché à Rouen.

Robert le Diable

À Moulineaux, au sud de l'agglomération rouennaise, se trouve le château de Robert le Diable. Ce personnage, à l'existence quasiment avérée, reste pourtant insaisissable. Historiquement, il est confondu parfois avec le duc de Normandie, Robert le Magnifique, le propre père de Guillaume le Conquérant. Le duc serait allé guerroyer à Constantinople, malmenant au passage des membres du clergé, ce qui lui valut de devoir aller faire un pèlerinage à Jérusalem, et ce surnom diabolique.

Selon d'autres sources, Robert dut quitter sa Normandie natale après s'y être comporté comme une brute. Il se cacha alors auprès d'un ermite, puis alla se battre contre les Sarrasins au service de l'empereur, avant de disparaître en retombant dans l'anonymat.

Ce serait sa propre mère, Inde, épouse d'Aubert, duc de Normandie, qui l'aurait baptisé le Diable. La légende, écrite au début du XIIIe siècle par un poète anonyme, affirme que, ne pouvant pas avoir d'enfant, la duchesse aurait invoqué Satan pour qu'il l'aide à procréer… Elle aurait avoué son origine diabolique à Robert adolescent, ce qui assombrit radicalement son caractère.

Il n'y a guère de preuve des liens unissant Robert à son château de Moulineaux. Sa visite sera pourtant l'occasion de se remémorer quelques airs de l'opéra *Robert le Diable*, que lui consacra le compositeur Giacomo Meyerbeer. Robert y est présenté comme un assassin en voie de rédemption.

Château de Robert le Diable

Le château est aujourd'hui le cadre d'activités destinées aux enfants, du type chasse aux fantômes.

1061, rue Lieutenant Jacques-Hergault, 76530 Moulineaux.

Les sorciers de Greuville

Au nord du département de la Seine-Maritime et de Rouen, le village de Greuville passait pour être le « pays des sorciers ». Dans un ouvrage publié en 1845, intitulé *La Normandie romanesque et merveilleuse*, l'écrivaine normande Amélie Bosquet évoque les sabbats normands et les personnages qui les fréquentaient. Pour s'y rendre :

> *Le tuyau de la cheminée était leur route ordinaire, et le sorcier, s'étant placé nu sur le fait, s'écriait : « Pied sur feuilles – Pé-su-fielio », comme on dit dans le midi de la France. Cette invocation mystérieuse avait pour but de suppléer au manche à balai, et de le rendre inutile, car elle donnait au sorcier la faculté de voler en l'air jusqu'au lieu du sabbat. N'oublions pas d'ajouter, cependant, qu'il fallait que le sorcier prît d'abord la précaution indispensable de s'oindre le corps avec un certain onguent, dont le principal ingrédient était la graisse d'un enfant mort sans baptême.*

Plus prosaïquement, les sorciers devaient être des bergers doués de talents divers en matière de médecines parallèles. Mais la présence à l'écart du village d'un calvaire, la croix de Beauvais, où se regroupaient à la nuit des contrebandiers venus de Luneray et des bergers bambocheurs, accrédita la légende maléfique. Aujourd'hui encore, la place centrale de ce petit village du pays de Caux se nomme place des Sorciers.

La croix de Beauvais

Elle est aujourd'hui située le long de la rue Croix-de-Beauvais et de la rue d'Écaquelon, 76810 Greuville.

Eure

Les possédées de Louviers

La ville de Louviers a été, à deux reprises, le théâtre d'affaires spectaculaires de possessions et d'exorcismes.

Françoise Fontaine, violée par le Diable…

En 1591 à Louviers, une jeune femme, violée par trois soudards, se déclare également violée par le Diable. Selon une étude parue dans les annales médico-psychologiques :

> *Le début de sa possession aurait eu lieu à Paris, rue Champfleury, où le diable lui serait apparu successivement sous forme d'animaux – pigeon, chat – enfin sous la forme humaine. Elle aurait eu ensuite des attaques qui l'auraient fait chasser de chez ses patrons. Elle s'en alla demeurer rue Saint-André-des-Arts, chez un nommé Olivier, d'où elle fut obligée de fuir à la suite d'une histoire analogue : le démon aurait essayé une nuit de la traîner à la cave pour la violer*[1].

On la retrouve quelques années plus tard, à Louviers. L'affaire commence :

1. Dr Paul Provotelle, « Françoise Fontaine, possédée de Louviers », *Annales médico-psychologiques*, Paris, 1906.

> *[...] dans la nuit du 16 d'avril 1591 [...] le capitaine du corps de garde situé place de l'Église – un nommé Diacre – entendit un grand bruit se produire dans une maison située dans la petite rue qui donnait sur la place.*

On y rencontre une femme et sa servante, très effrayées :

> *Ils les interrogèrent et elles déclarèrent que vers minuit un esprit était descendu par la cheminée « comme un brandon de feu ».*

Cet esprit avait poursuivi la servante en la ruelle du lit et l'avait « frappée à coups de hallebarde », ce dont elle montrait les preuves par des marques sur le visage. La jeune personne fut donc faite prisonnière et interrogée :

> *Elle raconta entre autres choses qu'un grand homme noir s'était depuis quelque temps montré à elle, par plusieurs fois, lui disant qu'elle s'était donnée à lui, quand les trois soldats la violèrent. Il lui avait montré de l'argent – ce disant elle se jetait à genoux en criant : « Je suis morte si je vous dis la vérité, ce grand homme noir me tuera. » Elle ne peut continuer son récit qu'après que le prévôt l'ait* [sic] *rassurée, lui ait* [*sic*] *promis sa protection.*

Lors de ses interrogatoires, la jeune femme raconte son viol par le Diable. Il avait le membre viril « fort dur et noir et de telle grosseur », « dur comme un caillou et fort froid », ce qui causa d'insupportables douleurs à la pauvre Françoise.

La victime du Diable passe pour être possédée, et ses divers interrogatoires accréditent cette thèse. De nombreux témoins sidérés assistent à des scènes inouïes. Le corps de Françoise Fontaine flotte en l'air durant les séances d'exorcisme. Le cinéma d'horreur n'avait rien à inventer...

Magdeleine Bavent

Quelques décennies plus tard, en 1643, le couvent Saint-Louis-Sainte-Élisabeth de Louviers est le cadre d'une série de manifestations causées, pensait-on, par des possessions démoniaques. Le couvent était le cadre d'activités érotiques sans rapport avec les vœux de chasteté des bonnes sœurs et de leur confesseur. Une dénommée Magdeleine Bavent était la maîtresse du prêtre Pierre David, et avait converti d'autres religieuses à des pratiques saphiques…

En 1643, après la mort de la plupart des protagonistes de cette étrange période de l'histoire du couvent, Magdeleine, alors quadragénaire, se déclare ensorcelée par un démon, Béhémond, tandis que d'autres religieuses l'accusent de les avoir attirées au couvent pour abuser d'elles, non sans affirmer qu'elles étaient elles aussi possédées par un démon familier. Elles se convulsent, parlent en langues étrangères, blasphèment évidemment, en particulier en présence de l'évêque d'Évreux, le 2 mars 1643. Magdeleine Bavent est condamnée à la prison, alors même qu'elle essaie de se dédouaner en affirmant que d'autres religieuses « commercent avec le Diable ». Son dernier partenaire sexuel en date, le vicaire Thomas Boullé, est exécuté. Le Diable se tient alors tranquille.

Cette affaire, comme bien d'autres du même genre, apparaît comme une tentative de contrôle de la sexualité féminine.

Ancien couvent Saint-Louis-Sainte-Élisabeth

Son emplacement abrite actuellement le musée de Louviers. Il ne subsiste du couvent que le bâtiment longeant la rue Mendès-France.

Musée de Louviers, place Ernest-Thorel, 27400 Louviers

Le Diable de Bernay

La maison du comte d'Alençon, une maison à pans de bois située dans la petite ville de Bernay, est décorée d'étranges figures. On y remarque saint Sébastien, un homme nu, dans une pose avantageuse, et des visages de personnages grotesques ou diaboliques, joufflus et aux yeux clos.

La maison du comte d'Alençon

Au-dessus de la boutique d'un opticien.

4, rue Thiers, 27300 Bernay.

Vernon, le sabbat des chats

En 1566, un procès fut intenté à un groupe de sorcières qui passaient pour organiser leur sabbat dans les ruines de l'ancien château de Vernon. Elles furent confondues – et peut-être faut-il entendre le double sens de ce verbe – par la présence, dans les ruines, d'un grand nombre de chats qui dérangeaient les voisins en faisant un boucan du Diable… Justement ! Car les riverains pensèrent que ces bruits, cette agitation, ces cris, ces feulements lors de combats ou d'accouplements violents, n'avaient rien de naturel.

Le bruit courut donc que ces chats n'étaient autres que des sorcières qui se transformaient en animaux à la nuit tombée. Quatre hommes se dévouèrent pour s'attaquer à la meute de félidés, ils se jetèrent dans une mêlée de griffes et de crocs, donnant force coups de bâtons aux animaux déchaînés. À l'aube, les vaillants combattants étaient sanguinolents, l'un d'entre eux mourut de ses blessures, mais les chats avaient disparu… et l'on découvrit sur quelques femmes des alentours les traces des coups qui avaient été donnés aux animaux. Les sorcières étaient repérées. Elles avouèrent qu'elles avaient la faculté de se transformer en chats à la nuit tombée pour se rendre au sabbat.

Cette histoire fut rapportée par un dénommé Jean Bodin dans sa *Démonologie des sorciers*, en 1580. Faut-il le croire sur parole ?

Le château de Bizy

Il ne ressemble plus guère à la ruine médiévale dans laquelle se réunissait le sabbat, mais on y organise des jeux de piste autour des sorcières de Bizy.

Avenue Maréchal-de-Lattre-de-Tassigny, 27200 Vernon.

Calvados

La brèche au Diable

C'est une brèche au cœur d'un chaos de blocs de roches, situé près du hameau de Saint-Quentin, sur le territoire de la commune de Poligny. Les rives du Laizon sont bordées de lieux et de monuments étranges, comme le tombeau de l'actrice Marie Joly, née à Versailles en 1761, qui se distingua à la Comédie-Française dans quelques pièces de Molière et mourut à 37 ans. Son mari éploré voulut qu'elle repose dans une sépulture construite à l'image du tombeau de Jean-Jacques Rousseau. Une plaque affirme que Marie était « la meilleure des mères, la plus douce et la plus sensible des femmes, la plus tendre des épouses. Amante de la nature, artiste célèbre… » Non loin de là se trouvent une chapelle et deux polissoirs, sur lesquels nos ancêtres frottaient leurs armes de silex.

Tout cela s'organise dans un décor torturé, de parois verticales et d'arbres aux formes étranges : la brèche du Diable. Selon la légende, rapportée par le magazine *Patrimoine normand* :

Saint Quentin, parcourant la Normandie, cheminait sur les bords du petit lac de Poussandre (avant que la Brèche ne donnât passage aux eaux) et admirait son calme et sa limpidité. Le diable acharné à le persécuter, s'approche à pas furtifs et, d'une poussée brusque, le précipite. Le saint se voyant près de couler à fond se recommande à Dieu et grâce à l'aide céleste, bientôt reprend pied et aborde, plein de reconnaissance. Et sans perdre un instant, il gravit la colline, tombe à genoux pour remercier le ciel. Une voix divine s'élève alors qui, en dédommagement du péril subi, l'autorise à donner un ordre au diable[1]...

Quentin ordonne au Diable de se retirer ; de rage, Satan frappe la montagne, et jaillissent les eaux dans la brèche qui porte désormais Son nom.

La brèche au Diable – Mont Joly

Le village de Soumont-Saint-Quentin, dans le pays de Falaise, s'enorgueillit également d'abriter une chapelle consacrée évidemment à Saint-Quentin.

1. Jean Barge, Jean-Marc Giret, « La brèche au diable ou le mont Joly », *Patrimoine normand*, n° 46, Les Moutiers-en-Cinglais, mai 2003.

Manche

La pierre du Diable de Jullouville

C'est un menhir de granit brun d'environ 3 mètres de haut et 6 de circonférence, au milieu d'un champ. Baptisé tantôt Pierre levée, tantôt menhir de Bouillon, c'est sous le nom de « pierre du Diable » qu'on le connaît dans la région. Selon la légende, le Diable était en train de construire le pont de Pontaubault et avait besoin de quelques blocs de rochers qu'il alla chercher sur les îles Chausey sans Se mouiller les pieds. Sur le chemin du retour, il aperçut un prêtre, ce qui l'énerva au point qu'il laissa choir son fardeau dans un champ, entre les hameaux du Rainfray et de Vaumoisson. Il laissa au passage quelques traces de griffes sur le monolithe. Une croix a été judicieusement placée à ses côtés pour faire oublier ses diaboliques origines.

La Pierre du Diable

On la rencontre au sud de Granville.

342, route de la Pierre-du-Diable, 50610 Jullouville.

Les derniers adorateurs du Diable en Cotentin

La colline d'Étenclin fut le décor de l'une des dernières affaires de sorcellerie ayant fait l'objet d'un procès en France, et, fort heureusement, les accusés furent innocentés après de longs mois de folie et de souffrances pour celles et ceux d'entre eux qui furent torturés[1].

Une paysanne nommée Jeanne Simon affirme avoir été initiée aux pratiques sataniques par sa mère, tandis qu'un dénommé Jacques Noël prétend avoir vu le Diable sous la forme d'un homme noir, portant des cornes et dont les yeux étincelaient. Ensemble, ils dénoncent toutes sortes de gens : le nombre des suspects augmente, un dénommé Charles Basneville affirmant avoir vu des sorciers dansant nus dans les bois. L'un des participants aux sabbats avoue, sous la torture, que des nouveau-nés ont été sacrifiés pour que leur chair soit intégrée à la recette d'une graisse magique, permettant de s'abstraire de la pesanteur et de voler… et comme si tout cela ne suffisait pas, deux prêtres des communes de Saint-Symphorien et de Coigny sont accusés d'avoir participé à toutes ces horreurs.

Une centaine de suspects sont incarcérés au château de La Haye-du-Puits. Lors d'un premier jugement, 30 personnes sont condamnées à mort, ce que confirme un jugement en appel au parlement de Rouen. Heureusement, l'un des juges, Claude Pellot, alerte Colbert qui, comme lui, ne croit plus guère à la sorcellerie et, en 1670, Louis XIV

1. Michel Subiela, *La Messe noire des innocents : La Haye-du-Puits, 1668-1672*, Éd. Pygmalion, Paris, 2001.

casse le jugement des parlementaires, mettant fin à près de deux siècles de chasses aux sorcières, et à un féminicide de masse.

Mont Étenclin

Le mont est également entré dans l'histoire en étant le cadre d'une terrible bataille durant les semaines qui suivirent le débarquement de Normandie. Tous les villages auxquels appartenaient les sorciers du Cotentin sont aujourd'hui intégrés dans la commune de La Haye.

Château de La Haye-du-Puits

La ville organise régulièrement des soirées sorcellerie, les drames d'hier appartiennent désormais au folklore.

1, place du Champ-de-Foire, 50250 La Haye.

Orne

La table au Diable à Passais-la-Conception

Il s'agit d'une allée couverte de 15,50 m de long sur 4,25 m de large, protégeant une chambre funéraire mesurant 12 mètres de long sur 1,50 m. Selon Christiane Lablancherie, auteure de *Lieux mystérieux en Normandie* : « On y raconte que des méchants génies y habitent. Ils attirent le promeneur avec des pièces d'argent et le rouent de coups[1]. » L'origine de la conception des dolmens a longtemps été mystérieuse, et il semblait évident d'en attribuer la construction à des êtres surnaturels.

La table au Diable

Elle est située au bout de la rue des Plardières, un peu en dehors du village.

61350 Passais-Villages.

1. Christiane Lablancherie, *Lieux mystérieux en Normandie*, Éd. Ouest-France, Rennes, 2012.

Partie 10
Nouvelle-Aquitaine

« Dieu fait les gens et le diable les accouple. »

Proverbe béarnais

La région Nouvelle-Aquitaine est aujourd'hui le plus vaste et le plus hétéroclite des grands territoires redessinés en 2016. Le Diable y est donc bien à son aise, Il a de la place ! Nous visiterons quelques-uns des lieux qu'Il a imprégnés de Sa présence sulfureuse. Pourtant, la trace historique la plus évidente de Son action est la naissance à Bordeaux d'un personnage qui – au prétexte de Le combattre – fut le pire des hommes que cette terre ait portés.

Le Bordelais Pierre de Lancre, pire que le Diable !

Pierre de Rosteguy de Lancre est né à Bordeaux en 1553. Issu d'une famille de magistrats, il parcourt l'Europe pour y faire des études de droit et de théologie. À son retour en Aquitaine, pour y devenir conseiller auprès du parlement de Bordeaux, il épousa Jeanne de Mons, la petite-nièce de Montaigne. Son intérêt pour la sorcellerie se manifeste dès le début du XVIIe siècle, lorsqu'il va assister au procès d'un prétendu lycanthrope.

Son destin bascule lorsque, le 10 décembre 1608, le roi Henri IV lui confie une mission qui va bouleverser sa vie et l'entraîner à être responsable de crimes bien plus abominables que ceux qu'il pensait combattre.

Les habitants de la région du Labourd, autour de Bayonne, s'étaient plaints des méfaits commis par des sorciers. Le roi envoie donc deux commissaires pour enquêter sur place, messire Jean d'Espagnet (conseiller d'État) et Pierre de Lancre. Il va s'y comporter avec un zèle et une cruauté défiant toute analyse, et en tirer des enseignements, réunis dans son *Traité de l'inconstance des mauvais anges et des démons*, qui va servir de mode d'emploi et de justification aux persécutions qui suivirent.

Arrivé au Pays basque en juillet 1609, il s'attache à démontrer la culpabilité quasiment naturelle de tous les personnages qui ne correspondent pas à ses normes, à commencer par les musulmans ou les juifs chassés d'Espagne et du Portugal, et – pire encore à ses yeux – aux femmes libres. Elles sont nombreuses, dans ce pays de marins au long cours. Et plus grave encore à ses yeux, les pauvres femmes s'obstinent à parler basque, une langue qu'il ne comprend évidemment pas.

Malheureusement, il est soutenu dans ses idées fausses et absurdes par des dénonciations, pour la plupart calomnieuses, qui entraînent l'arrestation, la torture, puis l'exécution d'au moins 80 personnes en l'espace de 4 mois.

Bientôt, il étend son action à l'actuel département des Landes. Il affirme que Satan avait « fait sauter à grandes volées, et en pleine liberté le sabbat, et placé son trône en une infinité de lieux de nos déserts et Landes de Bordeaux[1] ».

En 1610, Pierre de Lancre publie donc son *Tableau de l'inconstance des mauvais anges et démons.* Il y relate avec un grand souci du détail les confidences qu'il a recueillies en torturant les pauvres femmes soupçonnées de pratiques sataniques. Il ne faut pas être grand psychologue pour deviner que ce sont les questions tordues de l'inquisiteur qui ont conduit ces pauvres femmes, ignoblement torturées,

1. Abbé Vincent Foix, « Folklore. Glossaire de la sorcellerie landaise », *Revue de Gascogne*, 45e année, tome 4, Auch, 1904.

à avouer les pires horreurs. C'est sans doute parce qu'il avait envie de l'entendre que la pauvre Jeannette d'Abadie, âgée de 16 ans, lui raconta qu'elle avait copulé avec le Diable, dont le sexe s'enroulait comme un serpent, que Marie d'Aspilcuette, 19 ans, affirma que le phallus diabolique mesurait 90 centimètres…

Pierre de Lancre, exprimant sans doute ses propres fantasmes, affirme encore que le Diable choisit Ses partenaires sexuelles, « prenant les belles par devant et les laides par derrière ».

Lutte sans merci

Ces balivernes ne doivent pas faire oublier que Pierre de Lancre n'a qu'une idée en tête : punir des femmes libres, dont l'attitude, les connaissances et l'indépendance viennent bafouer sa conception de l'organisation de la société.

Ces féminicides se doublent d'une guerre menée aux traditions et aux mœurs du Pays basque, déjà autonome dans l'âme, qui lui resta toujours incompréhensible. Il l'avoue d'ailleurs à sa manière en décrivant les lieux de ses terribles exploits :

> *Et pour montrer particulièrement que la situation du lieu est en partie cause qu'il y a tant de Sorciers, il faut savoir que c'est un pays de montagne, la lisière de trois Royaumes, France, Navarre, Espagne. Le mélange de trois langues François, Basque, & Espagnol, l'enclaveure de deux Évêchés, car le Diocèse d'Acqs va bien avant dans la Navarre.*

Or toutes ces diversités donnent à Satan de merveilleuses commodités de faire en ce lieu ses assemblées & sabbats[1]...

Son manuel, destiné aux inquisiteurs, reprend toutes les fariboles qu'il a entendues sous la torture et donne de multiples conseils pour reconnaître les coupables. C'est en grande partie à lui que l'on doit la quasi-invention du sabbat. Il assimile à des pratiques sataniques toutes les fêtes, carnavals, réjouissances populaires, nombreuses au Pays basque, en particulier si des femmes y participent. Rarement la bêtise et la frustration d'un seul homme n'ont été la cause d'autant de crimes et de malheurs.

Le château du Hâ

Les prisonniers rassemblés par Pierre de Lancre furent torturés dans le château du Hâ, à Bordeaux. Presque entièrement détruit, il abrite aujourd'hui l'École nationale de la magistrature. Il subsiste tout de même deux tours de l'ancien édifice, les tours des Minimes et des Anglais.

10, rue des Frères-Bonie, 33000 Bordeaux.

Le château Malromé

Ce fut l'un des lieux de résidence et la propriété de la famille de Pierre de Lancre. Le souvenir de l'inquisiteur tortionnaire y est fort peu présent, détrôné par deux autres célébrités locales, Henri de Toulouse-Lautrec, dont c'était la résidence familiale depuis 1883, et le vin de Bordeaux.

33490 Saint-André-du-Bois.

1. Pierre de Lancre, *Tableau de l'inconstance des mauvais anges et démons*, Éd. Jean Berjon, Paris, 1612.

En Aquitaine…

Nous allons visiter quelques lieux diaboliques, associés parfois aux persécutions menées par Pierre de Lancre.

Gironde

À Saint-Julien-Beychevelle en Gironde, nous croiserons un chemin de l'Œil-Nègre. Comme l'affirme le site de l'office de tourisme local :

> *Ce lieu-dit témoigne des agissements redoutables de quelque sorcier local. En effet si votre vache est malade ou si votre vigne est envahie par des parasites c'est qu'un sorcier vous a jeté le mauvais œil ou « œil noir »*[1].

Saint-Julien-Beychevelle

Les amateurs de vins de Bordeaux viennent dans ce village des berges de la Gironde pour y goûter aux grands crûs de Saint-Julien… Nous irons également y voir le chemin de l'Œil-Nègre, souvenir du mauvais œil.

1. http://medoc-tourisme.com/wp-content/uploads/2016/06/29-Topoguide-ST-JULIEN-CONTES-ET-LEGENDES-V2021-W.pdf

Dordogne

En Dordogne voisine, nous irons visiter le musée du Vélocipède du Buisson-de-Cadouin. Il est installé dans un ancien couvent des petites sœurs de l'ordre de Saint-Vincent-de-Paul qui, juste après la fin de la Seconde Guerre mondiale, fut le théâtre d'apparitions du Diable, si on en croit une jeune novice en proie à des phénomènes extravagants. Ainsi, les jeunes du village venaient se moquer d'elle sous ses fenêtres en chantant: « Diable, mets-lui une claque ! » On entendait alors le bruit sec d'une bonne baffe, et la jeune fille apparaissait avec la joue bien rouge de celle qui vient de s'en prendre une... Le mystère demeure entier.

Le village de Bourdeilles, connu pour avoir été le lieu de résidence de Brantôme, le conteur des frasques sexuelles des contemporaines d'Henri IV, est le point de départ vers la forge du Diable. Cette falaise est bien connue des amateurs d'escalade et des archéologues, le site est occupé dès la préhistoire par les Solutréen, il y a environ 20 000 ans.

Le Buisson-de-Cadouin

Le musée occupe donc le couvent de l'abbaye et Le Buisson-de-Cadouin.

Bourdeilles

On accède à la falaise de la forge du Diable depuis le village de Bourdeilles, en longeant la rive de la Dronne vers le nord.

Pyrénées-Atlantiques

Beyrie-sur-Joyeuse, dans les Pyrénées-Atlantiques, fut le théâtre d'une plaisanterie diabolique. Le miracle de la femme volante y était jadis célébré autour de la chapelle d'Iraty. Une jeune fille avait été victime d'une mauvaise farce. Un fiancé éconduit lui ayant crié « que le Diable t'emporte », eh bien le Diable l'avait emportée ! En volant, la jeune fille avait prié le saint Sauveur qui l'avait fait redescendre sur terre, avant que son voyage ne l'entraîne en enfer ou pire encore.

Landes

Le château de Poyaller, à Saint-Aubin, fut le théâtre, à la fin du XVIe siècle, d'une rencontre d'un seigneur local avec le Diable, à qui il promit de donner son âme en échange d'une fortune permanente. Il s'en repentit et partit faire les croisades en Terre sainte. Il en revint, tel Ulysse, sous les traits d'un mendiant, mais réussit tout de même à berner Satan et à reprendre une vie vouée au service de Dieu, comme il se doit.

Et nous voici maintenant à Tartas, l'un des villes où Pierre de Lancre se livra aux pires sévices. Il fit condamner une certaine Marissane, qui aurait initié un grand nombre de jeunes filles de la région aux joies du sabbat, qui s'empressèrent de la dénoncer. Elle les emmenait sur les lieux des festivités diaboliques en les prenant sous son bras et en volant. Une dénommée Marie de Larralbe raconta : « J'y allais comme à la noce, non pas tant par la liberté et licence qu'on y a, mais parce que Satan tenait tellement liés nos cœurs et nos volontés qu'à peine y laissait-il entrer nul autre désir. » Aujourd'hui, comme dans bien d'autres villages témoins de la répression à l'égard des sorcières, l'office de tourisme organise des jeux pour enfants en souvenir de ce triste passé.

Saint-Aubin

Le château de Poyaller se trouve en lisière du village de Saint-Aubin. Il n'en reste qu'une très impressionnante tour carrée.

Tartas

L'office de tourisme du pays tarusate, à Tartas, organise un « jeu de rôle en famille qui divertira petits et grands ».

On ira également voir, sur le territoire de la commune limitrophe de Carcen-Ponson, la fontaine aux Sorcières, qui passait pour abreuver les jeunes femmes se rendant au sabbat.

En Poitou-Charentes et en Limousin

Charente

Sur le territoire de la commune d'Agris, non loin d'Angoulême, se trouve une cavité étrange, la Fosse mobile, dont on disait qu'elle changeait de forme, de profondeur et même de place. Près de la fosse avaient lieu de grandes festivités villageoises. Une famille de paysans, dont la trop jeune fille souhaitait s'y rendre, le lui interdit. Très en colère, l'adolescente déclara qu'elle s'y rendrait « dussé-je danser avec le Diable ». Un bel homme se présenta alors, l'entraîna dans une série de danses littéralement infernales, et à l'aube se précipita avec elle dans la Fosse mobile, et jamais plus on ne la revit.

La Fosse mobile

Elle se trouve dans la forêt domaniale de la Braconne. C'est un site bien connu des spéléologues.

16110 Agris.

Creuse

À Anzème, dans la Creuse, se trouve l'un des très nombreux ponts du Diable de la région. Un meunier, se désolant de voir un vieux pont emporté par chaque crue de la rivière, reçut la visite de Satan qui Se présenta à la porte de son moulin et lui proposa de résoudre ce petit problème. Il demanda la main de la jeune fille du meunier en échange de Son travail, si celui-ci était achevé avant le chant du coq. Pour preuve du sérieux de Sa promesse, Il offrit une bague en diamant à la jeune fille. Un peu avant l'aube, elle se rendit dans le poulailler, éveilla le coq et fit briller le diamant pour que le volatile croit au lever du soleil. Il chanta donc et le Diable, à qui il ne restait plus qu'une pierre ou deux à mettre sur le pont, S'en alla en pestant. Malheureusement, la jeune fille, que tout le monde surnommait maintenant la fiancée du Diable, resta célibataire à jamais…

Le rocher du Diable se trouve dans la haute vallée du Thaurion, sur le territoire de la commune de Royère-de-Vassivière. C'est un chaos de pierres et de rochers. La légende affirme encore que le prieur d'un monastère voisin fit un pacte avec le Diable pour qu'Il construise une dérivation du ruisseau de la Mazure, et assure l'irrigation de ses terres agricoles. Évidemment, le Diable fut roulé à l'aube. Furieux, Il jeta les pierres dans le plus grand désordre.

Le pont du Diable

Au sein de la communauté d'agglomération du Grand Guéret, la D84 emprunte sans crainte ce pont du Diable pour franchir la Creuse.

23220 Anzême.

Le rocher du Diable

À Royère-de-Vassivière, on rencontrera la rigole du Diable, qui attire les pêcheurs de truites... La roche du Diable se trouve près de l'ancien moulin de Planchette.

23460 Royère-de-Vassivière.

Deux-Sèvres

À Exireuil, le puits d'Enfer est associé à l'histoire d'un paysan qui, osant travailler un dimanche pour ne pas perdre sa récolte, fut puni en étant précipité dans l'eau de ce vallon, moins terrifiant que son nom ne le laisse supposer.

Aux limites des trois communes de Pugny, Chanteloup et La Chapelle-Saint-Laurent, nous irons nous imprégner de l'ambiance de l'un des lieux de rencontre des animaux participant aux sabbats des chats. Ils venaient y festoyer durant les nuits de Mardi gras, et gare aux humains qui auraient la prétention de les en empêcher.

Le puits d'Enfer

Depuis la commune, on y accède par une petite route escarpée reliant Saint-Maixent à Fomperron, puis par un chemin de terre. Le site se trouve dans une zone d'intérêt touristique et écologique. Rien de diabolique !

79400 Exireuil.

La Chapelle-Saint-Laurent

Au lieu-dit l'Humeau Robinet, aux limites des communes de Pugny, Chanteloup et La Chapelle-Saint-Laurent, se trouve « le timbre aux Chats », une auge de pierre, un petit bassin creusé dans du granit. Gare à ceux qui voudraient s'en emparer, ils seraient mis à mort par des dizaines de chats en furie.

79430 La Chapelle-Saint-Laurent.

Vienne

Et nous finirons notre périple en grimpant les « escaliers du Diable » pour rejoindre le centre historique de Poitiers.

Loudun : Urbain Grandier, au service du Diable

La petite ville de Loudun, dans la Vienne, conserve le souvenir de l'une des plus énigmatiques affaires de possession satanique de l'histoire, et du martyr de son responsable supposé.

Le 18 août 1634, Urbain Grandier, ancien curé de la paroisse Saint-Pierre-du-Marché, fut brûlé vif sur la place

Sainte-Croix après avoir été interminablement torturé, devant plus de 6 000 personnes impressionnées par son courage. Grandier a été condamné pour sorcellerie, après un procès sans doute encore plus inique et truqué que la moyenne des procès en sorcellerie. Il fut sans doute davantage condamné comme libertin avant l'heure, mais aussi comme ami des protestants ou ennemi de Richelieu, qu'il avait humilié lors d'une visite à Loudun en lui chipant la place d'honneur dans une procession.

Les principales accusatrices de Grandier se retrouvaient dans un couvent d'ursulines de la ville. À partir de 1632, les religieuses cloîtrées, en proie à une grande misère matérielle et psychologique, commencèrent à avoir des hallucinations dans lesquelles elles associent le personnage de Grandier – que vraisemblablement la majorité d'entre elles n'avaient jamais vu – à différents diables en vogue alors : Asmodée, Léviathan, Béhémot, Baruch, Zabulon et toute la bande. Ces hallucinations ont évidemment des à-côtés érotiques : des convulsions, des gestes obscènes, des exhibitions, font partie du délire des nonnes. Elles sont déclarées « possédées », et Urbain Grandier est considéré comme étant le responsable de cette possession.

On ne prête qu'aux riches. Si Grandier a été associé à ces histoires, il faut en chercher la cause dans sa réputation sulfureuse d'homme mêlant sans vergogne les affaires de Dieu et les affaires de cœur et de sexe. Sa vie scandaleuse, pour un prêtre, aurait sans doute suffi à lui attirer des ennuis. Il s'est rendu coupable d'un acte assez surprenant. Pour venir à bout des résistances de Mlle de Brou, une jeune femme noble – vierge et trentenaire –, il lui promit le mariage et célébra lui-même la cérémonie, jouant le double rôle d'officiant et de marié.

Il porta le scandale à son comble en engrossant ensuite la fille d'un bourgeois de la ville : Philippe Trincant (Philippe était alors également un prénom féminin). Grandier se montra particulièrement odieux avec sa maîtresse dès lors qu'il connut son état. Rien d'étonnant, alors, à ce que le père de la jeune fille fût l'un de ses principaux accusateurs lorsque les nonnes commencèrent à s'exciter.

Grandier fut donc brûlé, mais sa mort ne suffit pas à calmer les folies érotiques des nonnes, qui continuèrent à délirer de nombreuses années. En 1637, l'abbé d'Aubignac, envoyé en tournée d'inspection dans le coin, assista encore à des scènes d'exorcisme assez gratinées, pendant lesquelles les jeunes femmes se livraient « à quantité de contorsions et trémoussements qui sont souvent à la limite de l'impudicité. Astharrot, démon voyageur, se promène selon les commandements de l'exorciste sur le corps d'une nonne qui ne se fait pas trop prier ».

Place Sainte-Croix

La collégiale Sainte-Croix se trouve sur une petite place, entre la médiathèque et trois restaurants. La petite ville, à l'ombre de sa tour médiévale, est aujourd'hui bien paisible alors qu'elle fut célèbre pour avoir abrité deux victimes d'erreurs judiciaires manifestes, Urbain Grandier et cette pauvre Marie Besnard, l'empoisonneuse…

Après cette visite, il faudrait aller voir quelques films, comme, de Jerzy Kawalerowicz, *Mère Jeanne des anges* (1961) avec Lucyna Winnicka et Mieczyslaw Voit. Le film reçut un prix spécial à Cannes, et de terribles critiques de la part du Vatican. Ensuite, on se plongera dans *Les Diables* de Ken Russell (1971), avec Oliver Reed, Vanessa Redgrave et Dudley Sutton. Des jeunes filles à cornette s'y embrassent à pleine bouche ou dansent toutes nues. Le film fut considéré comme « iconoclaste, sordide, pornographique, violent » et… ma foi oui !

Poitiers

Les 82 marches et les paliers des escaliers du Diable sont intégrés dans le circuit de 40 escaliers empruntés par les participants de la course nocturne des 1 000 marches de Poitiers.

86000 Poitiers.

Partie II
Occitanie

« L'homme est de feu,
la femme d'étoupe et le diable souffle. »

Proverbe occitan

La grande région occitane regroupe deux entités naguère distinctes : le littoral méditerranéen et les terres de Midi-Pyrénées, dont les folklores et l'histoire diffèrent, mais où le Diable et Ses admirateurs ont laissé de nombreuses traces, dans les récits historiques, les légendes, et jusqu'au fronton des églises.

Toulouse, capitale diabolique

Un quatrain de Nostradamus, à qui, il est vrai, on fit dire quasiment n'importe quoi, sembla annoncer l'un des pires crimes commis par l'Inquisition contre de prétendues sorcières.

Vuydez, fuyez de Tholose les rouges
Du sacrifice faire expiration,
Le chef du mal desouz l'umbre des courges
Mort estrangler carne omination…

Ce qui, avouons-le, n'est pas très clair. Selon des exégètes du prophète, ce texte sibyllin se rapporterait aux événements s'étant déroulés en 1577 à Toulouse. La tragédie fut rapportée dix années plus tard, par un professeur de droit à l'université de Toulouse, Pierre Grégoire, qui raconte :

Les sorciers que le sénat de Toulouse eut à juger en 1577 étaient à eux seuls plus nombreux que tous les accusés non sorciers qui furent déférés à la justice locale pendant l'espace de deux ans. Beaucoup d'entre eux eurent à subir des peines plus ou moins graves : plus de quatre cents furent condamnés à périr au milieu des flammes, d'autres subirent la torture[1]*…*

1. Louis Figuier, *Histoire du merveilleux dans les temps modernes*, Éd. Hachette, Paris, 1860, p. 53, citation.

Un carnage que Pierre Grégoire justifie en affirmant que « tous portaient la marque du Diable ».

C'était la plus importante et grave opération menée par l'Inquisition pour venir à bout des sorcières. Mais ce n'était pas la première. En 1335, l'inquisition de Toulouse avait condamné une certaine Anne-Marie de Georgel, suspectée de se rendre la nuit sous les gibets pour dépouiller les pendus de leurs vêtements, de leurs cheveux et de leur chair pour composer des potions magiques épouvantables. Catherine Delort fut, elle aussi, condamnée la même année après avoir avoué sous la torture qu'elle rencontrait le Diable la nuit après l'avoir fait apparaître en usant d'un sortilège. Elle se saignait au bras et faisait s'épancher son sang sur un brasier où se consumaient des ossements humains dérobés dans les cimetières de la paroisse.

Saint-Sernin

La basilique Saint-Sernin est dédiée à un martyr chrétien, déchiqueté par les cornes d'un taureau, qui aurait été ramené au ciel par deux jeunes filles communément appelées les « Saintes Pucelles ». Le visage du Diable se trouve pourtant en bonne place sur les modillons de la corniche de la porte Miègeville, ou sur un chapiteau présentant le péché originel. Il figure encore sous les traits d'un monstre, engloutissant les damnés sur un vitrail représentant le Jugement dernier.

L'église passe pour avoir été construite au-dessus d'un lac souterrain, où nos ancêtres les Gaulois jetèrent leurs trésors. Un imprudent affirme y être descendu et avoir vu le Diable… Le quotidien *La Dépêche du Midi* raconte, le 6 août 2014, qu'en 1811 :

Le sous-préfet de Toulouse, le baron Étienne-Léon de Lamothe-Langon et le curé de Saint-Sernin explorent la crypte de la basilique que tous les touristes connaissent. Eux trouvent et poussent une porte secrète qui ouvrait sur un escalier en colimaçon. Lamothe-Langon assure avoir descendu « 132 marches jusqu'à une vaste salle soutenue de piliers énormes. Le milieu de cette enceinte était occupé par un grand lac dont les eaux noires, froides et silencieuses paraissaient dans un repos constant. […] *Le terrain était glissant et humide ; les murailles, chargées de reptiles, brillaient du suc visqueux qu'ils y déposaient. »*

À défaut de Diable, il y avait Ses animaux de compagnie favoris.

De l'histoire ancienne ? Pas tout à fait. En juin 1999, le même quotidien rapportait des faits d'une intense gravité :

Durant ces six dernières années, à Toulouse, trois adolescents se sont suicidés dans des circonstances qui n'ont pu être élucidées. Il semble qu'ils aient été embrigadés dans un groupe sataniste aux morbides pratiques. Des lycéens vêtus de noir, issus de familles aisées, séduits par cet ésotérisme de pacotille, exhibant de sinistres bagues. Un « jeu de rôle » poussé à l'extrême ? On évoque des messes noires…

La maison de l'Inquisition

En 1215, un dénommé Pierre Seilhan accueillit saint Dominique en sa demeure, située aujourd'hui place du Parlement. Les dominicains de Toulouse avaient été chargés de la répression de toutes formes de pratiques hérétiques. La maison a été baptisée maison de l'Inquisition, elle possédait sa propre prison, et abrita les activités du grand inquisiteur Bernard Gui.

La visite de la maison Seilhan permet de découvrir, sur une des toiles de Verotius racontant la vie du saint, la rencontre de Dominique avec le démon à Saint-Sixte.

7, place du Parlement, 31000 Toulouse.

Place Saint-Georges

La délicate petite place Saint-Georges, au cœur de la partie la plus rose de la Ville rose, fut le lieu de scènes dépassant en horreur tout ce qu'on peut concevoir, lorsque le supplice des condamnés à mort se déroulait en public. C'est ici que fut roué vif ce pauvre Calas, dont Voltaire défendit l'innocence – post mortem –, mais également que furent mis à mort quelques prétendus sorciers.

31000 Toulouse.

Sorciers et sorcières d'Occitanie

Ariège

En Ariège, les sorcières du village de Sabarat – non loin de la grotte du Mas-d'Azil – se réunissaient pour le sabbat dans le lieu-dit Le Pré-aux-Chats, dans un champ proche d'un célèbre dolmen de la région, dans le hameau du Peyré.

Seix, une commune pyrénéenne située sur la frontière espagnole, est l'un des rares villages de France dont l'une des rues évoque la répression de la sorcellerie. Une étroite ruelle, nommée « passage des Trois-Sorcières », rappelle le triste sort de trois femmes qui furent arrêtées en 1562. On les appelait les « brouches ». Ce terme vient du latin *bruxum* (le fragon) ; selon la légende, c'était la plante préférée des sorcières, dans laquelle elles se roulaient au moment de leur initiation. L'une d'entre elles, « Mathe de Ga, épouse d'un paysan aisé, est âgée de 70 ans quand elle est dénoncée comme sorcière aux Consuls de Seix par ses propres fils. Arrêtée le 19 mars 1562, elle sera exécutée 40 jours après son arrestation, le 18 avril de la même année, pendue puis brûlée avec le sac contenant son procès[1]. » Ses deux coaccusées, Philippe du Rieu (la propre fille de Mathe de Ga, âgée

1. Anonyme, « Les trois "brouches" de Seix », *Le Petit Journal*, Montauban, 27 octobre 2020.

alors de 30 ans) et Ysabe Tallieu (quadragénaire) furent également exécutées.

Leur triste sort méritait bien qu'on donnât leur nom à une ruelle.

Sabarat

Après avoir visité l'église romane Sainte-Anne, on pourra emprunter la rue du Dolmen pour rendre visite au dolmen de Peyré, que plus aucune sorcière ne fréquente.

09350 Sabarat.

Seix

Nous irons visiter le passage des Trois-Sorcières, dans le village de Seix, dont la devise est « Que som de Seish, cap de paur », soit : « Je suis de Seix, je n'ai pas peur ». N'ayez pas peur, donc.

09140 Seix.

Gers

À Monfort, dans le Gers, deux procès étranges se sont déroulés en 1644 et 1672 : « Jean Laurens, dit Capdet, est et demeure convaincu de sorcellerie et d'avoir foulé aux pieds en pleine assemblée du diable le saint sacrement[1]. » Il fut

1. Simone Mauruc-Gallenne, « Montfort : Au temps de la sorcellerie » d'après les notes de l'abbé Benac de Sainte-Gemme, *Revue de Gascogne*, n° 1, 1901, https://www.monfort.fr/monfort-bastide-de-lomagne/une-longue-histoire-en-bref/monfort-au-temps-de-la-sorcellerie

condamné à demander pardon à Dieu, au roi et à la justice « au-devant de l'église de Monfort, la hart (corde) au cou, tenant un cierge allumé à la main du poids d'une livre ». Onze femmes convaincues des mêmes crimes que le dit Capdet, furent condamnées à pareille amende honorable. L'une d'entre elles, fut jugée plus coupable encore après avoir certifié « qu'elle avait assisté au sabbat et qu'à l'instigation du diable, elle avait renoncé à Dieu, au Paradis et à son baptême ». Elle fut donc livrée aux mains de l'exécuteur pour « être fustigée à tous les coins et carrefours de la ville jusqu'à effusion du sang ».

Tous et toutes furent conduits au carrefour de « las Cailhaouses », pour y être brûlés…

Monfort

L'église Saint-Clément est toujours là, quant au pré de las Cailhaouses, nul ne se souvient de l'endroit où il se trouvait.

32120 Montfort.

Sur les traces occitanes du Diable

Le Diable se manifeste de mille et une manières dans la région. Il se comporte souvent comme un gamin mal élevé.

Lozère

Dans le village de Massegros Causse Gorges, en Lozère, se trouve l'effondrement rocheux du pas de Soucy dans les gorges du Tarn. Ce serait la conséquence de la lutte de sainte Énimie, princesse mérovingienne et fondatrice d'une abbaye à Burle, contre le Diable. La sainte poursuivit Satan, qui avait pris la forme du Drac, un énorme serpent digne du monstre du Loch Ness. Énimie implora Dieu, qui l'aida à précipiter d'énormes rochers sur la bête. Dans un dernier sursaut de rage, le Diable griffa les rochers avant de disparaître.

Massegros Causses Gorges

Dans les gorges du Tarn, le belvédère du pas de Soucy est l'un des points de vue les plus grandioses.

48210 Massegros Causses Gorges.

Lot

Le célèbre gouffre de Padirac – alias le trou du Diable – passait également pour avoir été creusé, justement, par le Diable. Il s'apprêtait à entraîner des âmes vers l'enfer quand saint Martin, de passage au cœur du plateau calcaire des causses du Quercy, tenta de L'en empêcher. Il prend son élan avec sa mule et saute en direction de Satan, qui frappe alors un grand coup de Ses petits pieds fourchus, donnant naissance au gouffre. À défaut des traces du Diable, on peut voir les traces du pas de la mule…

Gouffre de Padirac

À Padirac, l'ouverture du gouffre de 35 mètres de profondeur est la porte d'un monde souterrain, aujourd'hui fort peu diabolique. Le territoire de la commune abrite de nombreux dolmens.

Le Gouffre, 46500 Padirac.

À Cahors

Le pont Valentré de Cahors, avec ses trois tours fortifiées, est sans doute le plus célèbre des ponts moyenâgeux français. Une légende attribue sa construction à une intervention diabolique. L'architecte du pont n'arrivait plus à achever sa tâche, et fit appel au Diable pour l'aider en l'échange de son âme. Alors que la fin de la construction semblait proche, le Diable rappela à l'architecte qu'il fallait tenir sa promesse. L'architecte lui répondit qu'en échange, Il lui devait obéissance jusqu'à la fin des travaux… L'architecte ordonna donc au Diable d'apporter de l'eau à ses ouvriers à l'aide d'un crible – ce tamis destiné à affiner le sable ne pouvait évidemment pas retenir de liquide. Le Diable, dans l'incapacité d'obéir à un ordre, renonça aux travaux et à l'âme de l'architecte.

En 1879, lors d'une réhabilitation du pont, l'architecte Paul Gout colla une statue de petit Diable tentant de desceller une pierre du pont, pour illustrer la légende.

Le pont Valentré

Impossible de ne pas le voir…

46000 Cahors.

Aude

À Carcassonne, dans l'Aude, Ricordi, un moine sorcier doté d'un solide appétit sexuel, se fit remarquer au XIVe siècle par les méthodes de séduction qu'il employait pour arriver à ses fins : un piège inspiré par le Diable. Il fabriquait des effigies en cire des femmes convoitées, qu'il plaçait, barbouillées de salive et de sang de crapaud, au-dessus des portes de ses proies. Les femmes, subjuguées par ce maléfice, lui ouvraient aussitôt leur cœur. Le malandrin fut condamné à la prison à vie en 1329.

Le Diable de Rennes-le-Château

Le village de Rennes-le-Château, dans l'Aude, est le plus notoirement étrange de France.

Les aventures de l'abbé Saunière, curé de la paroisse, ont fait couler beaucoup d'encre depuis qu'un auteur de la collection « J'ai lu – L'Aventure mystérieuse » les a racontées, popularisant l'hypothèse d'un « trésor maudit[1] ». Une grande partie des fariboles qui firent le succès du *Da Vinci Code* est également liée aux écrits entourant cette affaire…

Rappelons donc que l'abbé Saunière, un modeste curé de village, aurait découvert dans son église des inscriptions sur une pierre tombale, puis des documents qui l'auraient conduit à la découverte d'un fabuleux trésor, estimé – selon les dépenses de l'abbé entre 1891 et 1917 – à un milliard et demi des francs d'alors. Depuis, des centaines d'érudits et de chasseurs de trésors ont tenté d'élucider les mystères entourant cette découverte, en essayant le plus souvent de décrypter les « messages » contenus dans la décoration de l'église ou de la villa du prêtre.

L'histoire étrange de ce village perdu est, pour beaucoup, dans l'impression qu'il dégage… Car sans cela, qui pourrait s'extasier devant le fatras saint-sulpicien qui encombre la petite église, dont le portail est surmonté d'une phrase *Terribilis est locus iste* – ce lieu est terrible –, qui annonce sans emphase que l'on va souffrir ? Nous vous renvoyons aux multiples guides publiés par des occultistes pour tenter

1. Gérard de Sède, *Le Trésor maudit de Rennes-le-Château*, Éd. J'ai lu, 1968.

de découvrir les mystères contenus dans cet amoncellement de statues et de vitraux, d'assez piètre intérêt artistique.

Le Diable décapité

On remarquera surtout le très étonnant bénitier soutenu par une statue de démon menaçant, Asmodée en personne, le Diable boiteux, gardien du temple de Salomon. Des anges et des griffons – les animaux en charge de la garde des trésors – se trouvent encore ici ou là dans cette église, dont le sol est décoré d'un échiquier de soixante-quatre cases dont la signification intrigue encore les chasseurs de trésors.

Le pauvre Diable fut victime d'un étrange attentat perpétré par « une jeune femme d'une vingtaine d'années », habillée d'une longue cape blanche, d'un voile sur la tête et d'un masque de style vénitien sur le visage. Le quotidien *La Dépêche du Midi*, dans son édition du 14 avril 2017, raconte :

> *Devant des touristes surpris, la jeune femme se réfugie dans la grotte dite de la vierge, à proximité de l'église, et téléphone longuement en arabe, puis rentre tranquillement dans l'église, sort une hache et se met à frapper sur le célèbre bénitier surmonté par la représentation d'Asmodée. Elle décapite le fameux diable rouge, lui coupe le bras et pose un coran à ses côtés, puis lacère le bas-relief de l'autel de Marie Madeleine, devant des visiteurs ébahis…*

La vandale fut jugée en novembre 2011. Le quotidien *L'Indépendant* rapporte les conclusions de son procès :

> *La jeune femme qui avait décapité la statue du diable dans l'église de Rennes-le-Château a été condamnée ce vendredi matin à deux mois de prison avec sursis assorti d'une mise à l'épreuve d'une durée de 24 mois avec obligation de soins et interdiction d'apparaître dans cette commune de l'Aude.*

Le Diable n'en était pas à sa première dégradation : un inconnu avait déjà volé sa tête, une vingtaine d'années plus tôt.

La découverte de Rennes-le-Château devra se poursuivre avec la visite de la villa Béthanie et de la tour Magdala – en hommage à sainte Madeleine, très présente dans la région et dans l'imaginaire ésotérique des partisans de la thèse de la « race sacrée », qui fait descendre les rois de France – et Audrey Tautou – des amours de Jésus et Marie Madeleine – rappelez-vous une fois encore le *Da Vinci Code*.

La tour dominant la campagne environnante est tout à fait charmante, sans doute bien trop luxueuse pour un simple presbytère… Mais pourtant, une impression domine à la fin de la visite. Tout ça pour ça ! La découverte d'un trésor fabuleux, du trésor des Wisigoths, et pourquoi pas du Graal, aurait dû donner des pouvoirs et des moyens sans limite à son inventeur. Et tout, à Rennes-le-Château, inspire la déception. Où est le luxe tapageur, où sont les traces du milliard dépensé ?

Le Diable prend les eaux

Moins connue que sa voisine, théâtre des mystérieuses aventures de l'abbé Saunière et de son trésor, la commune de Rennes-les-Bains mérite également le détour. Cette petite station thermale abrite sur son territoire un endroit charmant, la source des Amours, une petite étendue d'eau fraîche au pied d'un gros rocher où les jeunes femmes alanguies viennent s'exposer au soleil entre deux bains d'eau pure. Les bains de Rennes furent baptisés bains de la Reine après la visite de Blanche de Castille.

Dans les montagnes entourant la ville, vous découvrirez le célèbre fauteuil du Diable, un mégalithe ayant l'apparence d'un siège, sur lequel l'Église fit graver le mot «*pax*» pour en annihiler le charme maléfique.

Les cavernes entourant le château de Blanchefort ont la réputation d'avoir abrité le trésor abandonné par les Wisigoths, évidemment gardé par le Diable. C'est d'ailleurs ce trésor que l'abbé Saunière aurait découvert.

Et, toujours dans l'Aude, vous pourrez découvrir une autre image diabolique dans une chapelle de la collégiale Saint-Vincent du village de Montréal-de-l'Aude. Le Diable, à genoux, le visage grimaçant, supporte les fonds baptismaux.

L'église de Rennes-le-Château

L'église Sainte-Marie-Madeleine de Rennes-le-Château est notoirement l'un des lieux les plus étranges que nous vous conseillons de visiter dans ce guide.

Rue de l'Église, 11190 Rennes-le-Château.

Le fauteuil du Diable

Au sortir de Rennes-les-Bains, il faudra prendre la direction de Bugarach, puis celle de Sougraigne, avant de prendre un chemin fléché « roche tremblante ». Le « fauteuil » fait partie d'un ensemble de rochers aux formes étranges.

11190 Rennes-les-Bains.

Le château de Blanchefort

Il se trouve sur la route en direction de Peyrepertuse, sur un pic de roche blanche, qui lui donne son nom. C'est aujourd'hui une ruine magnifique.

11190 Rennes-les-Bains.

Les fonds baptismaux diaboliques

Collégiale Saint-Vincent de Montréal, place Saint-Vincent, 11290 Montréal.

Tarn

C'est en Occitanie que se trouvent quelques-unes des plus belles images du Diable et de Ses enfers. Le Jugement dernier du « Maître bourguignon », sur le mur intérieur ouest de la cathédrale Sainte-Cécile d'Albi, présente une image grandiose et terrifiante des œuvres du Malin. Ses démons sont monstrueux, ils portent des ailes membraneuses, des cheveux hérissés, les yeux ronds. Quant au « Diable rouge, à la longue queue, aux cornes de vache, l'artiste l'affuble d'une paire de gros seins, donnant une représentation hermaphrodite du Malin, écho aux pis de la chèvre qui voisine avec un oiseau infernal ».

Cathédrale Sainte-Cécile d'Albi

La fresque du Jugement dernier était naguère en miroir avec une fresque représentant la création du monde. On pourra se reposer de telles visions infernales en allant visiter le musée Toulouse-Lautrec, situé à deux pas.

5, boulevard Général-Sibille, 81000 Albi.

Aveyron

À l'abbatiale Sainte-Foy de Conques, comme le rappellent les auteurs du site Wodka consacré aux « images du diable » :

> *On voit à gauche le damné poussé par le Diable dans la gueule infernale ; c'est l'image du diable couronné des flammes de l'enfer. Cette représentation reprend les éléments destinés à durer : nudité du Diable et des damnés, couronne de flammes, bouche infernale qui est l'entrée de l'Enfer. À droite, Satan est au milieu des damnés qu'il écrase de ses pieds, et qui sont torturés dans le fleuve des Enfers, le Tartare ; des serpents s'enroulent sur ses jambes, il est le seigneur de l'Enfer ; il siège sur son trône.*

Conques-en-Rouergue

Il faudrait grimper vers l'abbatiale Sainte-Foy de Conques, tel un pèlerin en pleine repentance, pour en apprécier toutes les beautés.

Place de l'Abbaye, 12320 Conques-en-Rouergue.

Saint-Guilhem-le-Désert

La maison du Grand Site.

Pont du Diable, 34150 Aniane.

Gard

Il faudra également être prudent en visitant le village gardois de Saint-Geniès-de-Malgoirès. Le Diable S'y manifestait sous la forme d'un bouc noir, au lieu-dit Croix-de-Saint-Georges. Il Se livrait à des danses obscènes et Se permettait des privautés avec les dames…

Hérault

À Saint-Guilhem-le-Désert, dans les gorges de l'Hérault

Le pont du Diable, ou pont du Gour noir, près de Saint-Jean-de-Fos, est un pont en pierre à double arche du XIe siècle qui enjambe la rivière Hérault. Selon la légende, ce pont qui devait relier l'abbaye d'Aniane à l'abbaye de Saint-Guilhem était victime d'un mauvais plaisantin :

> *Chaque nuit, quelqu'un venait détruire ce qui avait été fait la journée ! Les moines demandèrent au saint patron Guilhem de les aider à arrêter les coupables.*

Le Diable, évidemment. Un marché fut passé…

> *Le Diable lui-même construirait le pont le plus solide qui soit afin de le rendre indestructible en échange de quoi Guilhem s'engageait à lui livrer l'âme d'un de ses « chiens de serviteurs » comme le Diable aimait les nommer*[1].

On imagine la suite : le saint Lui envoya un véritable chien. Le Diable, fou de colère, Se jeta dans les eaux de la rivière, creusant le trou au pied du pont qui fait aujourd'hui la joie de quelques plongeurs trop téméraires. On dit encore qu'en période de crue, les rugissements de colère du Diable se font entendre dans les gorges de l'Hérault. Il était de coutume, naguère, que les pèlerins de passage sur le pont se munissent de pierres pour tenter d'assommer le Diable au fond de Son gouffre.

---

1. Anonyme, « Le pont du diable », Au pays des Orjouliers, https://www.aupaysdesorjouliers.com/le-pont-du-diable

Hautes-Pyrénées

À Saint-Pé-de-Bigorre

On rencontrera encore un célèbre pont du Diable dans le village de Saint-Pé-de-Bigorre, dans les Hautes-Pyrénées. L'office de tourisme nous rappelle que :

> [La] *route venant du Béarn serpentait sur une des rives, escaladait la crête des coteaux et s'en allait vers Lourdes. On traversait, à cet endroit, la Génie, à gué, quand les eaux étaient basses ou sur des passerelles faites de troncs d'arbres et de bûches. Par temps d'orages, quand les eaux montaient les passerelles étaient souvent emportées. L'hiver, au moment de la fonte des neiges, on ne passait plus.*

Comme souvent, quelqu'un eut l'idée saugrenue de faire appel au Diable pour accélérer les travaux. Et comme toujours, un stratagème permit de se dispenser de Le payer en retour. Pour être certains de ne pas Le revoir, on planta trois croix autour du pont. Ses abords sont aujourd'hui nommé Trescouts, les trois croix.

Le pont du Diable

65270 Saint-Pé-de-Bigorre.

Partie 12
Pays de la Loire

« Le valet du diable fait plus
qu'on ne lui demande. »
Proverbe

La paisible région des Pays de la Loire abrita pourtant l'un de ces « valets du Diable », l'un des humains parmi les plus diaboliques, dont les crimes innombrables et ignobles ne pouvaient être inspirés que par Satan, et qui incarne encore aujourd'hui l'image même de l'horreur. Gilles de Rais fut, pour le malheur de ses contemporains, un assassin sadique bien réel, et non un fantasme. Les monstruosités qu'il commit étaient de véritables crimes, à la différence du plus grand nombre de ceux que l'on attribuait à de malheureux « sorciers ». Nous irons visiter son château des ténèbres, sur les traces de « Barbe-Bleue », après avoir rencontré quelques personnages moins dramatiquement diaboliques.

De Nantes à l'océan avec le Diable

À Nantes, de 1839 à 1840, le journal local d'annonce des représentations théâtrales se nommait *Le Diable*… Ce qui ne prêtait pas à conséquence. De même, il y avait, sur l'île de Versailles, une île artificielle en aval du cours de l'Erdre à Nantes, une taverne surnommée « taverne du Diable », tenue par un dénommé Orsini. Le journaliste et écrivain Stéphane Pajot raconte :

> *On dit que par des nuits de pleine lune, les passants de l'autre rive entendaient le rire d'Orsini et d'autres hommes ainsi que des chants diaboliques résonner par-delà les eaux. Il y avait huit buveurs mystérieux, installés sur un banc et deux tables, à boire goulûment un vin délectable. Je pense qu'il s'agissait de quelques vieux loups de mers, ayant vendu leur âme et leurs histoires à Lucifer. Nul doute que le visiteur, qui a écrit la chanson, a bu le coup en regardant danser le sabbat et apprécié la taverne d'Orsini en compagnie du Diable et de ses amis*[1].

L'île est aujourd'hui aménagée en jardins.

Plus récemment, au début des années 2020, un groupe de catholiques intégristes réussirent à interdire l'accès à un concert de la chanteuse et organiste post-métal suédoise Anna von Hausswolff, qui devait jouer dans une église du

1. Stéphane Pajot, « La taverne du diable », *Ouest-France*, Rennes, 8 février 2009.

centre de la ville. Les censeurs prirent pour prétexte que la jeune femme affirmait dans une chanson qu'elle souhaitait « faire l'amour avec le Diable ». Il est vrai que naguère, on pouvait être conduite au bûcher pour bien moins que ça.

Guérande

Les bassins des salines de Guérande, en Loire-Atlantique, sont le théâtre d'une manifestation dont on a longtemps attribué la responsabilité à quelque force mystérieuse ou au Diable Lui-même. De mystérieux anneaux aux teintes ocres ou bleutées se développent dans la vase des marais, avant de disparaître aussi mystérieusement qu'ils se sont formés. On les appelait des « ronds de sorcières ».

Dans le village de Piriac-sur-Mer se trouve le site des cartes du Diable, près du hameau de Saint-Sébastien. Il s'agit d'un affleurement rocheux sur lequel ont été sculptées de mystérieuses formes géométriques. Selon une étude des monuments historiques, il s'agirait de :

> *Gravures en creux découvertes en 1870, composées d'une série de croix et de rectangles accolés. Ces gravures ont longtemps été datées de l'âge du Bronze en raison de l'absence de traces d'utilisation d'un percuteur en métal, mais des études récentes montrent que cette absence peut être due à la salinité de l'air. Une christianisation des rochers pourrait être envisagée.*

Certains de ces rochers ont été déplacés dans le jardin de la mairie, sans que le Diable ne fisse rien pour l'empêcher.

À Guérande, dans le lieu-dit Le Crémeur, se trouve le moulin du Diable. Un meunier aurait passé un pacte avec le Malin pour recouvrir sa prospérité perdue. Mais, avec ou sans l'aide de sa femme selon les versions de la légende, il plaça une statue de la Vierge parmi les pierres couronnant le moulin, pour faire fuir le Diable quand Il aurait achevé sa besogne.

Piriac-sur-Mer

Les cartes du Diable, hameau de Saint-Sébastien.

44420 Piriac-sur-Mer.

Guérande

Le moulin du Diable, lieu-dit Le Crémeur.

44350 Guérande.

Retz

Le pays de Retz, au sud-ouest de Nantes entre la métropole et la côte atlantique, est une terre de légendes dont le héros est souvent le Diable. Ainsi, le long de la côte de La Bernerie-en-Retz, en direction de Pornic, se trouve une série de grottes marines. L'une d'entre elles se nomme le trou de l'Enfer. Lorsque le vent souffle à marée basse, il s'y engouffre et produit ce que les habitants des lieux appelaient le « bruit de l'enfer ».

Les sorcières du pays de Retz se livraient à une activité apparemment bien anodine, on les surnommait les « voleuses de beurre », car on les suspectait de jeter un sort qui empêcherait le beurre d'être battu normalement.

Quant au village des Moutiers-en-Retz, il est sans doute le seul en France qui ait nommé son lotissement la « Z.A.C. du quartier du Diable ».

La Bernerie-en-Retz

Le trou de l'Enfer, sur la plage à marée basse, en direction de Pornic.

44760 La Bernerie-en-Retz.

Vendée

Le Diable, tout feu tout flamme, dont les adorateurs sont promis à la fournaise, aime également de temps en temps se baigner dans l'eau fraîche des océans.

Dans l'île de Noirmoutier, il accueillait les participants du sabbat autour du dolmen de la pointe de l'Herbaudière. Ce monument des temps anciens est aujourd'hui menacé de disparition par les grandes marées.

Plus au sud, face à l'île d'Yeu, se trouvent les traces d'une joute entre le Diable et saint Martin, qui souhaitait que l'on construise un pont lui permettant d'aller évangéliser l'île sans se mouiller les pieds. Le Diable, comme d'ordinaire, fut la victime d'un stratagème et n'emporta pas en enfer les âmes qu'Il souhaitait recevoir en paiement de Son travail. Cependant, il n'y a ici aucune trace de la construction d'un pont, qui dépassait de toute manière les compétences des architectes du VIe siècle. Sur la côte, face à l'île, se trouve le trou du Diable, sur le territoire de la commune de Saint-Hilaire-de-Riez. La cavité se présente sous la forme d'un porche, dont le sommet est percé d'un trou. Quand à marée haute, l'eau y bouillonne, le ronflement provenant du ressac dans la grotte rappelle celui de la cuisson dans une marmite géante, ce qui vaut naturellement à la cavité le nom de « marmite du Diable ».

Le puits d'Enfer est une faille profonde dans une falaise de la côte rocheuse vendéenne. La mer s'y engouffre avec fracas, provoquant l'un de ces bruits terrifiants qu'on attribuait à la présence du Diable.

En 1949, on y fit une macabre découverte qui accentua encore la mauvaise réputation des lieux : un cadavre enfermé dans une malle en osier. Il s'agit du corps d'un dénommé Robert Thélier, rentier parisien. L'enquête permet de découvrir qu'il a été assassiné par sa bonne, Andrée Farré, aidée par Robert Planet qu'elle a recruté par petite annonce « pour mener une mission dangereuse en France ou à l'étranger ». Après avoir extorqué des chèques à sa future victime, Andrée Farré l'aurait étranglée et enfermée dans une malle qu'elle aurait confiée à deux personnes – ignorant ce qu'elle contenait – pour aller la jeter dans le puits d'Enfer. La criminelle connaissait les lieux depuis l'enfance et pensait, comme l'affirmait la légende, que ce qu'on y jetait ne remontait jamais à la surface... Le cinéaste Henri-Georges Clouzot s'inspira de ce fait divers pour écrire le scénario de son film *Les Diaboliques*.

Noirmoutier-en-l'Île

Le dolmen de la pointe de l'Herbaudière.

85330 Noirmoutier-en-l'Île.

Saint-Hilaire-de-Riez

Le trou du Diable. Attention, prudence, les lieux sont dangereux !

85270 Saint-Hilaire-de-Riez.

Les Sables-d'Olonne

Le puits d'Enfer.

85180 Les Sables-d'Olonne.

À Tiffauges, chez Gilles de Rais, le Diable en personne

En 1420, Gilles de Rais – du pays de Retz – devient propriétaire du château de Tiffauges, l'un des plus beaux ornements de la dot de son épouse, Catherine de Thouars.

Gilles de Montmorency-Laval, baron de Rais, possédait un grand nombre de résidences dans la région. Durant la guerre de Cent Ans, il s'illustra au combat pendant le siège d'Orléans, aux côtés de Jeanne d'Arc en 1429. Quelques années plus tard, il organisa une reconstitution du siège sous la forme d'un spectacle – le mystère du siège d'Orléans –, qui fut représenté sur les lieux même des combats pendant plus d'un an – ce qui fait de lui l'ancêtre des créateurs de parcs d'attraction.

Mais Gilles de Rais est surtout le monstre, l'ogre, le tueur d'enfants, l'un des pires criminels de l'histoire de France. En septembre 1440, un tribunal ecclésiastique commence à enquêter sur les rumeurs qui courent à son propos, et ce que découvrent les juges dépasse en abomination tout ce qu'ils pouvaient imaginer. Gilles de Rais fut accusé d'avoir violé, torturé et assassiné 140 enfants des alentours en huit ans, au cours de sanglants rituels sataniques. Il fut rapidement jugé et exécuté à Nantes, sur la place du Bouffay, le 26 octobre 1440.

Le tribunal l'avait condamné à être pendu et brûlé pour expier ses nombreux crimes : « Apostasie hérétique, évocation des démons, crime et vice contre-nature avec des enfants de l'un et de l'autre sexe selon la pratique sodomite... »

Aujourd'hui, l'apostasie et l'invocation d'hypothétiques démons passent pour péchés véniels. Mais, si on en croit l'historien Jules Michelet, pour invoquer le démon Baron, Gilles de Rais se livrait aux pires abominations, des crimes bien réels et impardonnables :

> *C'étaient des offrandes au diable. Il invoquait les démons... Il les priait de lui accorder l'or, la science et la puissance... Il lui était venu d'Italie un jeune prêtre de Pistoia, qui promettait de lui faire voir ces*

démons. Il avait aussi un Anglais qui aidait à les conjurer. La chose était difficile. Retz offrait parfois à son magicien le sang d'un enfant, sa main, ses yeux et son cœur[1].

Pour effacer les traces de ses crimes, l'assassin jetait les cadavres calcinés de ses victimes dans les douves de ses châteaux. L'historien Eugène Boissard écrit :

On trouva dans les souterrains de Tiffauges, dans la tour de Chantocé, dans les latrines de La Suze, les cadavres ou les squelettes de cent quarante enfants, massacrés ou flétris[2].

Gilles de Rais n'agit pas seul, il est aidé par des complices totalement soumis à ses pires volontés : Eustache Blanchet (un prêtre malouin), Gilles de Sillé et Roger de Briqueville (les écuyers de de Rais), Étienne Corillaut dit « Poitou » et Henriet Griart (ses chambriers), et Perrine Martin dite « la Meffraye » (la pourvoyeuse)... Et pourtant, ce ne sont pas ses crimes qui provoquèrent son arrestation, mais un geste qui nous paraîtrait autrement moins condamnable. Le soudard avait pénétré à cheval dans l'église de Saint-Étienne-de-Mer-Morte...

Et puis, il reste un doute sur les raisons même de cette arrestation, sur la réalité de ces crimes horribles. Gilles de Rais serait la quasi innocente victime d'un complot ourdi par le duc Jean V de Bretagne, qui convoitait ses terres, et par Jean de Malestroit, évêque de Nantes, partisan des Anglais lors de la guerre de Cent Ans, qui voulait se venger d'un ancien ennemi.

1. Jules Michelet, *Histoire de France jusqu'au XVIe siècle*, Éd. Hachette, Paris, 1855.
2. Eugène Bossard, *Gilles de Rais, maréchal de France, dit Barbe-Bleue, 1404-1440*, Éd. Honoré Champion, Paris, 1885.

Le Diable seul connaît la vérité sur l'un de Ses plus fidèles serviteurs.

Le château de Barbe-Bleue

Comme l'écrivait le quotidien *La Croix* en août 2018 : « À la sortie de Tiffauges, en Vendée, entre Nantes et Cholet, on tombe sur l'impressionnante entrée du château, tour carrée massive, chemin large pour accéder à la voûte surplombée par le monumental blason de Gilles de Rais, croix noire sur fond jaune, lys jaunes sur fond bleu. La pancarte d'accueil annonce "Château de Tiffauges, le château de Barbe-Bleue" »... ce qui est une manière bien douce de présenter l'antre de ce criminel !

Les ruines magnifiques du château de Tiffauges sont aujourd'hui un lieu d'attraction et de spectacles médiévaux, comme un retour aux sources.

Le Diable en Anjou

Cette région, bien paisible, a donné naissance à l'un des théoriciens sur lesquels s'appuyèrent les inquisiteurs pour mener leur terrifiante chasse aux sorcières. Jean Bodin, né en 1530 à Angers, fut pourtant l'un des grands esprits de la France de la Renaissance et un fervent adepte de la tolérance religieuse. L'auteur de nombreux ouvrages de philosophie politique a publié, en 1580, un ouvrage, maintes fois réédité, intitulé *De la démonomanie des sorciers*. Il y affirme que les sorciers font bel et bien commerce avec le Diable ; ce penseur, apparemment raisonnable, croit à la réalité de relations sexuelles entre le Démon et ses adeptes, aux loups-garous et au pouvoir des sorcières pour « nouer l'aiguillette » – provoquer l'impuissance. Pire encore, il considère que la justice, face à de pareils monstres, a quasiment tous les droits et que dans le cadre de procès de sorciers, les « procédures normales visant à protéger les droits des accusés étaient superflues ». L'historien Lucien Febvre considérait que *De la démonomanie des sorciers* était « l'un des livres les plus attristants de cette époque ».

Ce n'est pas en mémoire de Jean Bodin que l'une des tours de la forteresse d'Angers se nomme la tour du Diable.

C'est ici que, dans l'attente de son supplice du 9 décembre 1633 au 9 avril 1634, fut emprisonné Urbain Grandier, le héros tragique de l'affaire des possédées de Loudun. L'un des inquisiteurs qui l'interrogèrent, un capucin surnommé – à tort – « le père tranquille », mourut quelques années plus tard à la suite de crises de démence. On affirma qu'il était victime d'une malédiction lancée par Grandier avant d'être exécuté.

Maine-et-Loire

Les sorciers de Saumur

En 1593, la ville de Saumur fut le cadre d'une chasse aux sorcières menée par le magistrat le plus brillant de la sénéchaussée de Saumur, Pierre Delommeau, qui affirmait :

> *La profession des sorciers est de renier Dieu et toute religion ; et après avoir renoncé à Dieu, de le maudire, blasphémer, dépiter, faire l'hommage au Diable, l'adorer, sacrifier, le prier et l'invoquer, et ne jurer que par son nom, faire mourir les hommes et bêtes par poisons et sortilèges…*

On connaît le nom de trois de ses premières victimes : Urbain Tassy, René Moussaut et Marie Le Fief, veuve Maugin, condamnés « à faire amende honorable, en chemise, devant la grande porte de l'église Saint-Pierre, tenant à la main une torche de cire ardente. Ensuite, conduits sur la place de la Bilange, un samedi, jour de marché, ils seront jetés vifs dans un feu ardent et leurs corps brulé et réduit en cendre, et jeté au vent». Ayant fait appel auprès du parlement de Paris, Marie Le Fief obtint un adoucissement de sa peine en étant étranglée avant d'être jetée dans les flammes.

En 1594, la chapelle des Ardilliers commence à être le théâtre de miracles associés à une source, sans doute préexistante à la christianisation des lieux. Durant les années qui suivent, la chapelle vit un moine exorciste, le père Chapouin, combattre le Diable qui poussait une dénommée Marthe Brossier à se livrer à des gesticulations obscènes.

C'est d'un autre mauvais tour du Diable qu'a été victime l'église du village du Vieil-Baugé: son clocher est vrillé, par Satan, évidemment. Et peut-être parce que le parvis de l'édifice aurait été le théâtre de l'une de Ses blagues diaboliques. Deux amis épousant le même jour deux sœurs jumelles se seraient trompés d'épouse au moment de les embrasser.

Place de la Bilange

C'est le centre du vieux Saumur, rien ne subsiste de son sinistre passé de lieu d'exécutions capitales.

49400 Saumur.

Notre-Dame-des-Ardilliers

Située sur les rives de la Loire et la place du même nom, la chapelle fut un important lieu de pèlerinage, dont elle conserve davantage de traces que des quelques péripéties vaguement diaboliques dont elle fut également le théâtre.

1, place Notre-Dame-des-Ardilliers, 49400 Saumur.

Le Vieil-Baugé

Le village, célèbre donc pour son clocher en vrille, est le siège de l'association des clochers tors d'Europe.

49150 Baugé-en-Anjou.

Mayenne

La chaise du Diable

Nous irons enfin au sud de la commune d'Aron, sur bord de la route de Jublains, pour nous asseoir sur une grosse pierre de granit, nommée la chaise du Diable. Les lieux sont une fois de plus – encore et encore – associés à une légende se terminant par la déconvenue du Diable, qui souhaitait capter quelques âmes en échange de travaux de construction. De dépit, Il vint s'asseoir pour ruminer Sa rancœur en griffant le fond de Son siège. Que faire d'autre ? À quelque distance de ce premier monument préhistorique se trouve la pierre Saint-Martin, témoin d'un combat du saint ligérien avec le Diable. L'historien local Albert Grosse-Duperon a raconté sa légende :

> *Saint Martin, dans ses grandes chevauchées, se rendait un jour du Perche en Bretagne, quand son cheval, franchissant fossés et halliers, vint à passer sur une grosse pierre, cachée sous les hautes bruyères des landes d'Aron, et y laissa l'empreinte de ses sabots. À partir de cette époque, il a suffi à tout habitant de la contrée de quêter quelques poignées d'avoine chez ses voisins, et de les déposer dans les cavités*

faites par les pieds de la monture du saint, pour être guéri de la fièvre[1].

Et le Diable, dans tout ça ? Eh bien, le voilà :

Il faut ajouter que le Diable poursuivait saint Martin et s'était mis en croupe sur son cheval. Désireux de manifester sa puissance, l'esprit infernal voulut également marquer la pierre au passage. Dieu ne lui permit que de la frôler de sa queue. Ce fut assez pour produire l'éraillure qu'on voit aujourd'hui.

Selon d'autres versions, c'est avec sa queue fourchue que le Diable laissa des traces de son passage.

Aron

Le village s'enorgueillit de son siège diabolique et de sa pierre Saint-Martin, mais aussi de sa tour Eugène-Sue, l'auteur de romans-feuilletons en ayant écrit quelques-uns dans ce village, terre familiale de ses aïeux.

53440 Aron.

1. Albert Grosse-Duperon, *Le Château d'Aron et ses grosses forges*, Éd. Poirier Frères, Mayenne, 1904.

Partie 13
Région Sud

« Ce qui vient du diable
retourne au diable. »
Proverbe

Le Diable provençal semble assez bon enfant.

Dans l'un des *Contes du lundi* d'Alphonse Daudet, publiés en 1879, « Les trois messes basses », Il prend les traits du jeune clerc Garrigou qui pousse le prêtre dom Balaguère, ancien prieur des barnabites, chapelain gagé des marquis de Trinquelage, à commettre le péché de gourmandise. Péché que le prêtre aggrave, en disant en accéléré puis en bâclant ses trois messes de minuit, pour que le grand banquet donné au château commence plus rapidement. Dom Balaguère est enivré d'avance en songeant aux mets qui l'attendent : dindes, gélinottes, vins, faisans, truites… Il meurt à la fin du repas, et se voit refuser la porte du paradis où il n'aura droit d'accéder qu'après une pénitence d'un siècle, durant laquelle il devra, chaque nuit de Noël, redire les messes qu'il a refusées à Dieu.

Pourtant, contrairement à ce que pourrait laisser augurer cette innocente plaisanterie, comme dans la plupart des régions, la présence du Diable est la plupart du temps associée à des sites naturels isolés, parfois dangereux, et à des histoires terrifiantes dont Ses adorateurs sont les victimes.

De Marseille à Aix-en-Provence, l'affaire Gaufridi

C'est l'un des grands drames de l'histoire des possessions diaboliques.

Tout commence à Marseille, lorsque Louis-Jean-Baptiste Gaufridi, le fils d'un berger de la haute vallée du Verdon, devient curé de l'église des Accoules, au bas du quartier du Panier. Il était entré dans les ordres à l'instigation de son oncle, curé de Pourrières, un village au pied de la montagne Sainte-Victoire. Gaufridi avait fait quelques études de théologie à Arles, durant lesquelles il s'intéressa à la Kabbale, avant d'intégrer l'abbaye Saint-Victor de Marseille qui domine le Vieux-Port, puis Notre-Dame-des-Accoules en 1595.

Il entretient alors de bonnes relations avec la famille Demandols ou Demandolx, l'une des plus illustres et riches de Provence, dont la fille, Madeleine de Demandols, décida de prendre le voile au couvent des ursulines de Marseille. Quelque temps plus tard, en mars 1607, la mère supérieure du couvent, Catherine de Gaumer, découvre que la jeune fille a été « séduite » par Louis Gaufridi. La novice est transférée au couvent des ursulines d'Aix-en-Provence, où elle commence à faire de terribles révélations à son confesseur. Elle affirme que Gaufridi est un magicien qui l'a entraînée au sabbat, où elle a été contrainte d'adorer le Diable, qu'elle est possédée…

Gaufridi est évidemment arrêté, interrogé, torturé.

Cette affaire permet aux inquisiteurs, puis aux écrivains qui la racontèrent, comme l'écrivain, poète et traducteur François de Rosset[1] qui publie en 1614 *De l'horrible et épouvantable sorcellerie de Louis Goffredy, prêtre de Marseille*, de construire l'imagerie *stricto sensu* pornographique liée aux pratiques démoniques. Dans ses confessions, Gaufridi – que la violence des tortures poussait sans doute à avouer n'importe quoi – affirmait que voulant « jouir de quelques filles ou femmes », il lui suffisait de leur souffler au visage pour qu'elles cèdent.

Le dominicain Sébastien Michaëlis, prieur de Saint-Maximin et inquisiteur dans l'affaire Gaufridi, se fondant sur les déclarations des sorcières qu'il a interrogées, est persuadé que les orgies s'organisaient au sabbat selon le rythme des jours de la semaine. Les sorciers « paillardent ensemble. Le Dimanche avec les diables succubes ou incubes : le jeudi ils commettent la sodomie, le Samedi, la bestialité, les autres jours par voies naturelles… » On peut être sidéré par l'inventivité ou la crédulité de cet homme qui fut, par ailleurs, l'un des grands théologiens de son temps. Mais sa lutte contre la sorcellerie participait de la crainte de

1. On lui doit, ce qui n'a rien à voir avec notre propos, l'une des premières traductions du *Don Quichotte* de Cervantès en 1618.

voir ces affaires annoncer l'imminence de la fin des temps et du Jugement dernier. Il fallait agir.

Les gesticulations de Louise Capeau, l'une des cinq autres « possédées » d'Aix-en-Provence, aggravèrent encore le cas du curé des Accoules. Elle affirmait être possédée par trois démons : Grésil, Sonnillon et Verrine, ce dernier claironnant que Gaufridi était responsable de la possession. Durant l'enquête, en 1611, des médecins auscultent les corps de Madeleine de Demandols et de Gaufridi afin de trouver les « stigmates démoniaques », qu'ils trouvent évidemment, n'importe quelle tache de rousseur ou furoncle pouvait être assimilé à une marque du Diable.

Gaufridi finit par avouer tout ce qu'on voudra. Le 18 avril 1611, il est déclaré coupable de sorcellerie et brûlé vif le 30 avril de cette même année, sur la place des Prêcheurs à Aix-en-Provence, devant une foule de braves gens qui pensaient sans doute en toute bonne foi qu'il était le Diable en personne.

L'affaire ne s'acheva pas pour autant avec le supplice du principal accusé. Les différentes « possédées » furent délivrées une à une de la présence intrusive de leur démon. Marguerite de Burlefut fut la première, suivit par Louise Capeau, dont deux des trois démons disparurent ; tandis que Madeleine, la principale héroïne de l'affaire, perdait l'ouïe et la vue, mais restait hantée par Asmodée et Belzébuth. En 1652, Madeleine de Demandols fut à nouveau accusée de sorcellerie et condamnée à la prison à vie, avant d'en être libérée et de mourir à 77 ans.

Cette histoire en tous points tragique fut tout de même égayée par un gag digne d'un film comique. Selon Antoine de Thoron, seigneur de Thoard, conseiller au parlement et l'un des juges participant au procès de Gaufridi, il se déroula durant celui-ci un événement étrange :

> *Plusieurs témoins de l'information avoient déposé que Gaufridi se transportait au sabbat, après s'être frotté d'une certaine huile magique, et qu'il revenait ensuite dans sa chambre par le tuyau de la cheminée. Dans le temps qu'on lisait ces dépositions, on entendit un grand bruit dans la cheminée, et à l'instant tous les juges en virent sortir un grand homme noir qui secouait sa tête. Les juges s'enfuirent presque tous.*
>
> *Pour moi, qui restai au bureau, je lui demandai qui il était, et il me répondit fort effrayé, qu'il était un ramoneur qui, après avoir ramoné la cheminée de MM. des comptes, dont le tuyau joignoit celle de la chambre Tournelle, s'était mépris en descendant, et avait passé par la cheminée du parlement.*

Et c'est sans doute le plus réel des diables impliqués dans cette affaire…

Marseille

L'église de Notre-Dame-des-Accoules

L'église fut la paroisse de Gaufridi.

4, montée des Accoules, 13002 Marseille.

La baume Loubière

Cette grotte, aujourd'hui murée à la suite d'un fait divers tragique – l'assassinat d'une fillette par un berger en 1898 – était, selon leurs aveux, le cadre de l'un des sabbats auxquels participèrent Gaufridi et Madeleine.

13013 Marseille.

La grotte Rolland

Ce fut l'une des premières grottes fouillées dans la région par les préhistoriens. Située au-dessus de la calanque des Goudes, au sud de Marseille, c'était également un lieu de sabbat présumé.

13008 Marseille.

Plan-d'Aups-Sainte-Baume

La grotte où, selon la tradition locale, vécut sainte Marie Madeleine, fut aussi désignée par Gaufridi comme lieu de sabbat. Le premier exorcisme qu'on lui fit subir se déroula dans la grotte. Tandis que le prêtre était emprisonné dans le monastère dominicain au pied de la falaise, des témoins affirmèrent avoir entendu des chants – évidemment sataniques – qui s'élevaient de la montagne sacrée.

83640 Plan-d'Aups-Sainte-Baume.

Aix-en-Provence

La place des Prêcheurs est aujourd'hui encore le centre historique d'Aix-en-Provence, elle a été agrandie quelques années après le supplice de Gaufridi. Le parlement, où se déroula le procès de 1611, a été dissous en 1790, mais on pourra visiter le musée du Parlement de Provence et du Vieil Aix.

7, rue Gaston de Saporta, 13100 Aix-en-Provence.

Le diable des bords de mer

Bouches-du-Rhône

Le Diable a laissé quelques traces de Son passage dans les calanques au sud de Marseille. Le trou du Diable est un site d'escalade et de randonnée accessible depuis l'anse de Gaméou, sur le territoire de la commune de La Ciotat. On y accède également en canoë ou en pratiquant la plongée sous-marine. Le plus diabolique ici reste la surpopulation des calanques en été.

La Ciotat, lorsque la petite ville industrielle n'était encore qu'un village de pêcheurs, avait son propre type de sorciers compagnons de route du Diable. Ils se nommaient les « matagots », et prenaient l'aspect d'un chat noir dès que la nécessité s'en faisait sentir. Aujourd'hui, un collège, une crèche et tout un quartier de la ville porte le nom de ces personnages malfaisants.

Var

« Thérèse philosophe », l'héroïne d'un roman libertin et parfois pornographique attribué à l'écrivain Jean-Baptiste Boyer d'Argens, s'inspire de la vie d'une dénommée Marie-Catherine Cadière, née à Toulon en 1709, qu'on surnomma la « sainte du Diable ». À 18 ans, alors que divers témoignages concordent pour dire qu'elle était assez belle, elle rejoignit un groupe de jeunes filles, sous la direction spirituelle du père Girard, un jésuite recteur du Séminaire royal de la Marine. Elle est alors en proie à des manifestations surprenantes, des visions, des stigmates… Ce qui se passa par la suite est assez banal. Elle devint la maîtresse de son confesseur avant, à l'instigation de son frère moine dominicain, de l'accuser de sorcellerie et de la « prendre *a tergo* », autant dire de la sodomiser. Des accusations qui rejaillissent sur elle : de victime, elle devint complice et coupable des crimes qu'elle dénonçait. Marie-Catherine Cadière est enfermée aux ursulines de Toulon, avant d'être jugée au parlement d'Aix. Le verdict de son procès, le 11 septembre 1731, la condamne à la potence, mais elle est innocentée le 10 octobre suivant. Plus personne ne semblait croire à la sorcellerie.

Gassin, dans le Var, non loin de Saint-Tropez, est parfois encore appelé le village des sorcières, depuis la peste de 1348. Les habitants de Gassin qui avaient abandonné leurs maisons pour se tenir à l'abri, à l'écart de l'épidémie, eurent la surprise de voir qu'une sorcière veillait sur eux et leurs biens. La nuit, elle passait de maison en maison abandonnée pour y allumer brièvement un feu à l'aide de braises qu'elle portait à mains nues. Rien de diabolique, mais les voleurs éventuels – et la peste – étaient persuadés du contraire.

Alpes-Maritimes

À Nice, on rejoindra le sommet de la colline du Château par le puits du Diable, un cylindre vertical de 72 mètres de haut creusé par l'ingénieur militaire sarde André Bergante à partir de 1517, pour alimenter la forteresse en eau. On y a installé depuis un ascenseur.

Les diables des montagnes

Hautes-Alpes

Nous commencerons notre visite sur les traces du Diable des hauteurs entre Guillestre et Mont-Dauphin. Un véritable canyon, creusé par le torrent du Guil, coule au pied de falaises de plus de 80 mètres de hauteur. C'est la rue des Masques. Ces masques ne sont pas des bouts de tissu que l'on pose sur le visage, mais des « mascos », des « sorciers », et c'est bien le genre de lieux qui devaient leur plaire.

Alpes-Maritimes

Poursuivons en découvrant un chef-d'œuvre : Notre-Dame-des-Fontaines, dans le village de La Brigue. L'église abrite une série de fresques terrifiantes. La mort, le sort des damnés rejetés lors du Jugement dernier, les horreurs de la crucifixion témoignent de l'âme torturée du peintre Canavesio. En 1492, il peignit également ici une scène intitulée *Le Diable et le pendu*. Un suicidé se voit arracher les entrailles par un Diable, qui n'a plus le physique avantageux d'un personnage d'opéra, mais l'aspect répugnant d'un monstre aux allures de goule.

La cime du Diable domine le massif du Mercantour du haut de ses 2685 mètres. La montagne est entourée de lieux dont les noms rappellent également des activités sataniques : du lac de l'Enfer à la vallée des Sorcières. Ce Diable-là n'est pas discret, par beau temps on peut Le voir depuis la mer. Ce qui Lui joua des tours, car une légende locale raconte qu'Il fut attrapé par des paysans avec un piège à glu, comme un vulgaire oiseau, alors qu'Il sortait de Ses appartements du lac de l'Enfer.

La dernière exécution d'une sorcière dans les montagnes eut lieu dans le village de Castellar, en 1623. Une dénommée Peirenitta Raibauda fut accusée d'adorer le Diable dans les ruines du Vieux Castellar, au lieu-dit de Pas-de-la-Corne. On l'accusait également de se transformer en chat noir et d'être responsable de la sécheresse. Le curé du village la défendit en assurant qu'elle était « simplette » ; elle n'en fut pas moins condamnée. Le 16 novembre 1623, elle fut étranglée sur le parvis de la chapelle Saint-Antoine par le bourreau du duc de Savoie, et son corps fut jeté sur un bûcher : le dernier.

La rue des Masques – Guillestre

On la rejoint au départ du village de Guillestre.

05600 Guillestre.

Notre-Dame-des-Fontaines

Notre-Dame-des-Fontaines, chapelle des Pénitents noirs, située en dehors et au-dessus de ce petit village de la vallée de la Roya, est considérée comme la chapelle Sixtine des Alpes, ses murs étant recouverts d'images extravagantes et colorées.

Chapelle Notre-Dame-des-Fontaines, vallon de la Madonne, 06430 La Brigue.

La cime du Diable – Lantosque

Accessible en randonnée depuis un parking situé déjà à 2 000 mètres d'altitude, non loin du village de Lantosque. Selon les habitués, la montagne est « très ferreuse », autant dire dangereuse en cas d'orages évidemment diaboliques.

06450 Lantosque.

Castellar

Le *passo del Cornà*, où les sorcières se retrouvaient, est aujourd'hui précisément sur la frontière italienne.

06500 Castellar.

Alors, où ?

Mais le Diable, le seul et unique, dont nous avons vu les traces, des images ou le souvenir des méfaits un peu partout en France, où Se trouve-t-Il vraiment ?

Nous pensions le savoir grâce à Friedrich Nietzsche, qui donnerait la réponse dans *Ainsi parlait Zarathoustra* : le Diable est dans les détails… Sauf que l'expression allemande « *Der Teufel steckt im Detail* » ne figure pas dans l'œuvre nietzschéenne, bien au contraire, ce brave Friedrich se lamente : « Mais le diable n'est jamais là quand on aurait besoin de lui : toujours il arrive trop tard… » Et pire encore – si j'ose dire –, ce brave saint Thomas d'Aquin affirme, pour sa part, que « Dieu est dans les détails ». C'est ainsi, en tous cas, que l'on résume l'une ou l'autre de ces preuves de l'existence de Dieu.

Oublions donc les détails.

Alors, où ?

Peut-être dans le Nouveau Testament, évidemment, comme le démontre une étude intitulée *Diabolical Data: A Critical Inventory of New Testament Satanology*[1], qui s'évertue à

1. Thomas Farrar, Guy J. Williams, « Diabolical data: A critical inventory of New Testament satanology », *Journal for the study of the New Testament*, août 2016.

compter toutes les mentions ou les apparitions du Diable dans les saintes Écritures. Mais c'est du passé. Ce n'est pas encore en consultant les Évangiles que nous Le rencontrerons à coup sûr.

Il reste bien une possibilité, pas très sérieuse en apparence, mais efficace : fréquenter la *fashion week*, le podium des défilés de mode, les maisons de haute couture. Nous Le rencontrerons à coup sûr, à la recherche de nouvelles fanfreluches pour mettre en valeur Son élégante silhouette, puisque, comme chacun sait, le Diable s'habille en Prada[1]...

1. Lauren Weisberger, *Le diable s'habille en Prada*, trad. de Christine Barbaste, Éd. Pocket, Paris, 2003 (éd. originale : *The Devil Wears Prada*, Broadway Books, New York, 2003).

Dépôt légal : octobre 2022
ISBN : 9782380156003
Achevé d'imprimer en octobre 2022 en Espagne par Liberdúplex